기독교문서선교회

Christian Literature Crusade

983-2, PANGBAE-DONG SOCH'O-KU SEOUL, KOREA

로이드 존스의 생애

박 영 호 著

기독교문서선교회

The Life of Lloyd-Jones

By
Young-Ho Park

1996
Christian Literature Crusade
Seoul, Korea

추천의 글

하나님께서는 성령의 감동으로 성경을 기록하신 후에는, 성령에 감동된 그의 사역자들을 통해서 그의 거룩하신 말씀을 온 천하에 전파하게 하신다. 신구약성경을 선지자와 사도들을 통해서 기록해 주시고 때를 따라 위대한 하나님의 종들을 통하여 성경 말씀의 진리들을 잘 깨닫게 해주신다. 초대교회가 성숙기로 접어들 때 어거스틴(Augustinus)을 보내셔서 초대교회 성도들에게 진리의 등불이 되게 하셨고, 크리소스톰이나 사보나롤라 같은 그릇들을 예비하시어 진리의 광휘를 더욱 찬란하게 하셨다. 중세 천 년의 암흑기를 지나서 루터와 칼빈 같은 종교개혁자들을 통해 성경의 감추인 진리를 드러내어 칠흑같이 어두운 중세교회를 밝히신 분도 하나님이시다. 종교개혁 이후 하나님의 진리의 등불은 영국의 청교도들에게 점화되었고 그들은 하나님의 쓰임을 받아 '성결과 의와 진리의 황금 시대'를 산출했다. 그 가운데 존 오웬(John Owen), 토마스 구드윈(Thomas Goodwin), 토마스 맨톤(Thomas Manton), 토마스 왓슨(Thomas Watson), 리차드 박스터(Richard Baxter) 등은 대표적 인물들이었다. 그들의 경건과 영성(Piety and Spirituality)은 기독교 역사상 진리의 호수와 바다를 형성하여, 오고 오는 교회에 진리를 공급하기에 충분하였다. 이 진리의 영성은 맥케인(R. M. McCheyne), 스펄전(Spurgeon), 라일(J. C. Ryle) 등을 통하여 18, 19세기로 전승되었다. 이 진리의 생수가 20세기에는 로이드 존스 목사님을 통하여 분출된 것이다. 그의『목사와 설교』,『산상설교집』,『로마서 강해』시리즈,『에베소서 강해』시리즈 등은 진리와 영감과 성결과 경외의 바다로서 모든 사람을 해갈시켰고, 비진리에 오도(誤導)되어 중독된 영혼들에게 완전하고 시원한 해독제였다. 우리는 이러한 로이드 존스 목사님을 주시어 하나님 말씀의 생명과 본질에 접하게 하신 하나님께 얼마나 존귀와 영광을 돌려야 할지 모른다(시 116:12). 우리는 그의 저술에 은혜를 받음과 동시에 그 저술보다 더 위대한 '하나님의 사람' 자체를 알고 싶어 목말라 했었는데, 이번에 박영호 교수의 노고로 로이드 존스의 생애가 출판되어 기쁘기 한이 없다. 단숨에 읽어 보니 그의 생애와 사상과 환경이 잘 묘사되어 있어 더욱 기쁘기 한이 없다. 유명한 이 엠 바운즈는 "설교는 설교자 이상을 넘을 수 없다"고 했고, "메신저(설교자)는 메시지(설교)보다 더 나아야 한다"고 했는데, 로이드 존스 목사님이야말로 그의 설교와 같이, 아니 그 이상 하나님을 두렵고 떨림으로 섬기며 하나님 앞에 살다 간 하나님의 사람이다.

　우리 한국교회 성도들과 주의 사역자들도 로이드 존스 목사님과 같이 세상의 모든 것을 버리고 하나님을 성결과 의로 섬기다가 하나님 앞에 착하고 충성된 종으로 나타나기를 소원하면서, 이 책이 모든 주님의 사역자들과 성도들에게 읽혀지기를 기쁜 마음으로 추천한다.

1985년
개혁신학원 교수
정 원 태 목사 識

머리말

　마틴 로이드 존스(David Martyn Lloyd-Jones) 목사님은 20세기의 청교도 후예이시며, 영적거인이시다. 로이드 존스 목사님의 왕좌는 런던 웨스트민스터 교회의 강단이었다. 목사님은 예수 그리스도를 대신하여 강단에 서셨다. 목사님은 통로요, 도구요, 매개체이셨다. 목사님의 메시지는 하나님의 말씀이었다. 목사님 곁에는 구세주께서 항상 서 계셨으며, 불멸의 영혼들이 그를 에워싸고 있었다. 목사님의 설교 시간에는 성령께서 회중들 위에 임재하시며 천군천사들이 지켜보고 있었다. 목사님은 천당과 지옥의 결말을 보여주셨다. 목사님은 막중한 하나님의 사역을 감당하신 대언자이셨다.

　로이드 존스 목사님의 설교 배후의 권위는 설교자 자신이 아니라 성경 본문에 있었다. 목사님은 성경해석에 많은 부분을 할애하여 듣는 회중들이 성경에 집중할 수 있게 하셨다. 목사님은 성경주석 능력과 성실한 준비 때문에 존경을 받은 모범자이셨다. 목사님의 설교는 진리가 그분의 인격을 통하여 쏟아져나온 것이다. 목사님의 설교는 자신을 먼저 원숙한 그리스도인으로 변화시켰다. 그리고 성경말씀이 먼저 그 분에게 설교하였고, 그 설교를 들은 목사님은 겸손히 자신을 전달해 주는 예술가이셨다. 목사님의 설교 시간에는 2천여 명이 넘는 성도들이 성경과 노트를 가지고 운집하였다. 특히, 금요일마다 열리는 성경학교에서는 1200명 이상의 대학생들과 신학생들이 목사님의 성경강해를 경청하였다. 그래서 목사님의 별명은 금요일의 학장이라고 런던에 소문이 나셨다.

로이드 존스 목사님은 청교도 목사들의 정수를 이어 받았다. 존 오웬의 『성령론』, 리차드 박스터의 『참 목자상』, 리차드 십스의 『상한 갈대』, 토마스 맨톤의 『영적 침체』 등 청교도의 모든 저작들을 완전히 섭렵하시고 20세기의 회중들에게 청교도들을 재해석하여 적용시키신 분이시다. 로이드 존스 목사님이 1927년 의과대학의 동창생인 아름다운 신부, 의사 베단(Bethan)과 결혼할 때에 결혼 선물로 칼빈과 존 오웬의 저작집을 신부로부터 받았다는 일화가 있다. 목사님은 청교도들의 유산을 값지게 평가하셨다. 개혁주의 신학은 벤자민 워필드와 메이첸에게서 많은 영향을 받으셨다.

로이드 존스 목사님은 구원에 대한 실제적인 경험을 강조하셨다. 명목뿐인 기독교를 경고하시고, 죄의식과 복음의 능력을 강조하셨다. 목사님은 비범한 권위와 청중들의 구원을 위한 열정으로 진리를 선포하셨다.

필자가 스코틀랜드 글라스고우의 선교훈련 신학교(Missionary Training College)에서 공부할 때에 목사님의 저서 『목사와 설교』(Preaching and Preacher)를 처음 읽었다. 몇 번이고 읽고 또 읽었다. 그리고는 신학도의 자격조차 없음을 고백하였다. 두렵고 떨림만이 있었다. 그런 후에 『목사와 설교』 원서를 한국 CLC에서 출판토록 항공편으로 보냈다. 한국교회에 꼭 필요한 책임을 절감했기 때문이다. 계속해서 로이드 존스 목사님의 로마서 강해와 에베소서 강해를 정독하면서 성경해석학과 설교학을 배웠다. 로이드 존스 목사님의 저서들은 필자에게는 참으로 뺄 수 없고 잊을 수 없는 생의 좌표를 설정토록 하였다. 그리고 목사님의 귀한 저서들을 번역 출판할 것을 결심하였다.

사실, 『로마서 강해』와 『에베소서 강해』 시리즈를 번역 출판하는 것은 너무도 힘든 작업이었다. 그러나 기도와 인내와 정성의 산물로 한국교회 앞에 내놓게 되었다. 이 숨은 간절함과 산고의 고통은 우리 주님만이 아실 것이다.

본서는 주로 로이드 존스 목사님의 사위인 카터우드(H. F. R. Catherwood)가 쓴 『로이드 존스 생애』와 "진리의 기수"(The Banner of Truth) 출판사 회보에 이안 머레이가 쓴 『로이드 존스 생애』(Our Great Loss)와 『초기 40년』(The First Forty Years)을 참고하였다. 이안 머레이는 웨스트민스터 교회에서 로이드 존스 목사님의 부목사로 재직하신 분이며, 지금은 "진리의 기수" 출판사의 대표이시다.

웨일즈의 뉴캐슬 엠린(Newcastle Emlyn)에 고이 잠드신 목사님께 그분의 한국어판 모든 저서들을 증정하고 싶고, 또 그 저서들이 한국강단을 기름지게 한다는 소식을 전하고 싶다. 목사님께서 하늘나라에서 이 소식을 듣고 기뻐하실 것이다. 이 작은 소책자를 삼가 로이드 존스 목사님의 영전에 드린다.

끝으로 추천의 글을 써주신 개혁신학연구원 교수이신 정원태 박사님께 진심으로 감사드린다.

1985년 3월 5일
한국성서신학교 교수
박 영 호 목사 識

차 례

추천의 글
머 리 말

제 1 장   웨일즈 태생 마틴 로이드 존스 ············ 11
제 2 장   학창시절: 트레가론과 런던의 생활 ········ 18
제 3 장   의학박사 로이드 존스 ···················· 25
제 4 장   사랑과 결혼 ···························· 31
제 5 장   영적 치료를 받은 의사 ·················· 44
제 6 장   목회 소명을 받음 ······················· 52
제 7 장   아베라본에서의 첫 목회생활 ············· 62
제 8 장   순수한 전도설교 ······················· 67
제 9 장   초교파적 복음사역 ····················· 73
제10장   진정한 부흥 운동 ······················· 80

차 례

제11장 북아메리카에서의 전도 ·················· 92
제12장 사도 바울의 신앙을 본받아 ·············· 99
제13장 아베라본에서의 사역을 마치고 ·········· 107
제14장 런던 웨스트민스터 교회 부임 ············ 112
제15장 독서생활 ································ 120
제16장 은퇴 후 저작활동과 투병생활 ············ 133
제17장 사위가 본 로이드 존스 ··················· 144
제18장 로이드 존스의 강연초록 ·················· 155
제19장 로이드 존스의 저서목록 ·················· 170

부 록

제1장

웨일즈 태생 마틴 로이드 존스

　마틴 로이드 존스(Martin Lloyd-Jones)는 1899년 12월 20일 부친 헨리 로이드 존스(Henry Lloyd-Jones)와 모친 막달렌(Magdalene) 사이에 둘째 아들로 웨일즈 지방 카르디프(Cardiff) 주의 도날드에서 태어났다. 그러나 1906년 봄에 부모님과 형 해롤드(Harold), 동생 빈센트(Vincent)와 함께 랑게이토(Liangeitho) 마을로 이사해서 어린 시절을 보냈으며, 1938년에 웨일즈를 떠나 런던으로 왔다.
　아버지 헨리 로이드 존스는 성격이 낙천적이면서도 반면에 도덕적으로는 아주 곧고 영예심이 강직하였다. 그가 얼마나 낙천적이었는가 하면 그를 가리켜서 '미커버'(Micaeber, 디킨즈 작품『데이빗 카퍼휠드』에 나오는 인물) 즉 공상적인 낙천주의자라고 부르기도 하였다. 그 곳은 카르디건 주의 리들루이스(Rhydlewis)에 있는 부친의 농장이었다. 그의 모친 엘리자베스는 베티-세픈(Betty-Cefn)으로 알려졌으며, '십일조 전쟁'(Tithe-Wars)에 참여한 것으로 유명하다. 1906년

총선거에서 자유당이 승리함으로써 영국 국교와 지주들은 더 이상 농민들을 억압할 수 없게 되었다. 새로운 정치형태가 출현하여 개혁의 면모를 보였다. 캐나르본 보르그(Caenarvon Boroughs) 출신의 자유당 국회의원인 데이비드 로이드 조오지(David Lloyd George)가 명쾌한 웅변으로 바로 오랫동안 계속해서 웨일즈 지방을 지배하여 왔던 세력을 타파하였던 것이다. 이 사건은 헨리 로이드 존스처럼 급진적인 자유당원에게는 기운을 북돋아 주는 것이었다. 물론 그는 영국에 충성하는 애국자였지만 항상 웨일즈의 독립을 외쳤던 모친의 신념을 이어받아 "평민들의 권익이 귀족들의 것보다 더 선행되어야 한다"고 주장하였다.

하지만 당시에 다른 변화에 비해 종교만큼은 변화가 별로 없었다. 주민들은 이전과 같이 늘 집 앞을 깨끗이 청소하였고, 주일을 준비하기 위하여 매주 토요일 밤에는 정문 계단을 깨끗하게 청소하였다. 물론 1904-1905년에 웨일즈의 일부 지역에서는 부흥의 불길이 일어나고 있었다. 그러나 랑게이토에서는 그런 움직임은 찾아볼 수 없고, 다니엘 로울란드(Daniel Rowland) 목사의 동상처럼 꼼짝을 안하고 냉랭한 상태였다. 로이드 존스는 그 당시 아무런 생명력도 없었던 로울란드의 동상을 이렇게 회고한다.

우리 목사님은 도덕적이며 율법적인 분이었습니다. 그는 복음 설교를 한 적이 거의 없으며, 또한 우리들 가운데 아무도 복음에 관한 지식을 얻지 못하였습니다. 다니엘 로울란드 목사와 집사장 존 로울란드는 자신들을 학자라고 생각하였습니다. 1904-1905년의 부흥 운동 때에도 별 반응을 보이지 않았으며, 그들은 영적 부흥 운동을 반대하였을 뿐 아니라 모든 대중 개혁 운동까지도 반대하였습니다.

그때까지 헨리 로이드 존스는 회중교회(Congregational Church)에 더 애착을 갖고 있었지만 칼빈파 감리교회(Calvinistic Methodist)에 가입하였다. 그 이유는 그 외에 다른 방법이 없었기 때문이었으며, 또한 로울란드의 구태의연한 회중이 되었었다는 사실이 찬성할 만한 일이라기 보다는 질책을 받을 일이었기 때문이었다. 그리고 칼빈파 감리교회는 알미니안파 감리교회와는 전혀 다른 신앙적 형태에 주안점을 둔 복음주의적 교회였다.

웨일즈 칼빈파 감리교회는 호웰 해리스(Howell Harris)의 추종자들이 영국 국교회를 떠나서 하나의 교파(connexion)를 형성한 것이다. 그것은 19세기의 웨일즈 사람들의 삶 속에서 대단한 역할을 했으며 대복음 각성운동의 산물이었다.

메소디즘(Methodism)은 본질적으로 체험적인 실천적 신앙이요 생활 방법이다. 그리고 신앙은 일차적으로 개인적임을 인식하며, 자신이 죄인됨을 인식하게 한다. 죄를 깨닫는 고통스러운 과정의 단계를 거쳐 죄 용서의 체험을 했다. 그래서 하나님을 아는 지식에 대한 열망이 대단했다.

칼빈파 감리교회의 특징은 찬송이었다. 옛 곡조와 발라드에 맞춰 찬송시를 노래로 불렀다. 설교를 들으면서 "아멘", "할렐루야"를 외치기도 했다. 기쁨과 즐거움과 찬송 부르는 일과 확신이 넘쳐 흘렀다. 그리고 부흥은 자존하신 분으로부터 찾아오는 것이요 성령의 부으심으로 시작됨을 믿었다.

1907년에 웨일즈의 정통교회에 불길을 일으켰던 캠벨(R. J. Campbell)이 '신(新)신학'을 주창한 이후에 헨리 로이드 존스도 리들루이스의 조합교회원들과 더불어 케케묵은 신조에서 탈피하였다. 하지만 그는 결코 '새 것'이 '옛 것'보다 더 낫다는 것을 발견하지 못하였으며, 다른 사람들처럼 칼빈파 감리교회의 생명 없는 전통주의를 참 기독교라고 생각하는 실수를 범하고 말았다. 그는 그러한 형식적인 종교에 대한 반동작용으로 말미암아 교육과 정치활동을 통해서 사회변혁을 일으키는 것이 기독교의 목적이라고 생각하게 되었다. 그는 자신이 애독하는 종교 주간지 "기독교 연합신문"(Christian Commonwealth)에 매혹되었다. 그 종교 주간지는 정치적으로는 자유당이며 종교적으로는 비국교도였다. 이와 같이 랑케이토의 생활이 헨리 로이드 존스에게 변화가 많았듯이 그의 세 아이들에게도 그러했다. 제일 먼저 그 아이들에게 문제가 된 것은 언어였다. 부모는 서로 웨일즈 말(Welsh)을 사용하였지만 아이들을 양육하는 과정에서는 영어만을 사용하였다. 그때 마틴 로이드 존스는 자기가 웨일즈 말에 능숙치 못한 것을 알고 고치려고 무척이나 노력하였다.

> 제가 랑케이토에 이사온 지 1년쯤 되었을 때 수업 후에는 많은 아이들과 놀았지만 저는 그들에게 영어를 하지 말고 웨일즈 말을 하라고 부탁했습니다. '애들아 웨일즈 말로 해. 나는 이제 웨일즈 사람이란 말이야!'

마틴이 소년 시절에 가장 즐거워하던 것은 그의 부친을 따라 마차를 타고 여행하는 것이었다. 부친은 매우 쾌활한 사람으로서 젊은 시절에는 노래 대회에서 베이스 독창상을 받기도 하였으며 노래는 항상 생활의 일부분이었다. 마틴이 후에 부친을 가리켜 "이제까지 만난 사람 가운데 가장 인간적인 분"이라고 할 정도로 부친을 무척 사랑하고 존경하였다.

또 마틴의 기억에 모친은 대단히 매력적이고 활동적이며 아주 친절한 분이었다. 방문객들을 초대했든지 안했든지 일단 따뜻하게 맞아 주었으며 부친보다 더 지성적이었다. 마틴은 어렸을 때 빨리 어른이 되기를 몹시 바랐었다. 그 이유는 성인이 되면 담배도 필 수 있기 때문이었다. 그래서 그날이 오기를 무척 기다리면서, 그때 어른들이 하는 모든 것을 하리라고 마음먹었다.

하루는 그 부모가 마틴에게 집과 가게의 모든 열쇠를 맡기고 외출한 적이 있었다. 해롤드는 항상 책만 읽었고 빈센트는 너무 어렸기 때문에 열쇠 당번의 영광은 항상 마틴에게 떨어졌다. 그러나 그가 그 열쇠를 가진 것이 화근이 되어 한 사건이 벌어졌다. '담배 한 갑을 사야지!' 하고 그는 가까운 가게에 가서 우드바인(Woodbine, 영국의 싸구려 담배) 한 갑을 샀다. 그것을 산 마틴은 너무도 자랑스럽고 기뻤다. 열쇠 당번이 된 덕분에 그 동안 소원이던 담배 한 갑을 사는 것이 실현되었던 것이다. 부모가 돌아왔을 때 이미 아이들은 잠이 들어 있었다. 그 부친이 열쇠를 찾으려고 마틴의 주머니에 손을 넣었을 때 그 안에 있던 담배를 발견하였다. 부친은 이제까지 마틴을 믿을 수 있다고 생각하였는데 실망하였다. 부친은 즉시 마틴을 깨워 담배가게로 데리고 가 주인에게 왜 어린아이에게 담배를 팔았느냐고 화를 내었고, 마틴은 담배를 다시 주인에게 건네주었다.

마틴은 8살이 되던 해에 그에게 있어서 가장 긴 여행을 하게 되었다. 물론 해롤드나 빈센트도 런던에 가고 싶어 안달해서 제비 뽑기로 마틴이 뽑혔다. 그래서 아버지와 함께 처음으로 런던을 방문한 것이었다. 매해 12월에 런던의 농업회관에서 지역 특산물의 농업품평회가 열려 참석한 것이다.

랑게이토에서의 마틴은 그 소년 시절을 1910년 1월까지는 비교적 별 탈 없이 가족과 더불어 유복하게 지냈다. 그 해 1월 19일 수요일 저녁이었다. 헨리는 많은 농민들에게 계산서를 발행하고 수표를 지불하였다. 그들은 의류 품목을 주로 거래하는 상점에서 담배를 피면서 지급을 하였다. 그날은 마틴의 어머니와 형 해롤드가 집을 떠나고 없었는데, 아마 담뱃재가 마룻바닥에 떨어져 부인용 모자 상점에 불이 옮겨붙기 시작하였던 것이다. 밤 한 시경 모든 사람들이 돌아간 후에 잠을 자고 있던 동생 빈센트는 어디에선가 나는 연기냄새 때문에 무의식 중에 일어났지만 위험을 느끼지 못한 채 다시 이불을 머리 위로 끌어덮고 잤다. 겨울 밤에 불어오는 바람은 그 불을 순식간에 공포의 화염으로 만들었다. 부인용 모자상인들과 가족들의 울음소리와 주먹으로 문을 두드리는 소리에 아버지도 잠에서 깨어나 자기 아이들이 있는 방으로 들어갔다. 아버지는 먼저 마틴을 창 밖으로 던졌는데 그 밑에서 세 명의 청년이 손으로 받아내었다. 그리고 그들은 즉시 사다리를 가져다 아버지와 빈센트도 구하였다. 아버지와 빈센트가 구출되자마자 그 집은 무너져 내렸고 순식간에 잿더미가 되었다. 당시 1910년 1월 20일 아침의 상황을 마틴 로이드 존스는 이렇게 회상하였다.

화재 후에 랑게이토에서의 모든 생활들은 전과 같지 않았습니다. 그 해 1910년에 새 집을 짓고 새 생활을 시작했지만 모든 것은 달라졌습니다. 새 집은 빌딩으로 다시 지어 먼저 집보다 훌륭하게 개량되었던 데도 많은 것들이 사라졌으며, 무엇보다도 우리 집 같은 기분이 들지 않았습니다. 물론 현대적 시설이 갖추어져

제1장 웨일즈 태생 마틴 로이드 존스 **17**

있어 편리한 점이 많지만 저는 항상 옛 집을 더 좋아했습니다.

   화재로 인한 상처는 표면상으로 드러난 이상으로 심하였다. 물질적인 면만 보더라도 그의 아버지는 매우 어려움을 겪었다. 잿더미가 된 다음날 아침에 마틴은 찌그러지고 변색된 원통형 찻잔을 발견하였고, 그 부친은 녹아버린 금화를 발견하였지만 이미 그 손실은 엄청난 것이었다. 그 후부터 헨리의 재정 문제는 상당히 긴축될 수밖에 없었다. 이러한 사실은 1911년 르윈카그훠에 사시는 할아버지 데이비드 에반스(David Evans)가 마틴에게 그 비밀을 말할 때까지 세 아이들은 몰랐다. 농장을 하시는 할아버지는 술 때문에 항상 자신의 몸을 가누지 못하였다. 르윈카드훠에 마차를 끌고 갔다가 돌아올 때는 마틴이 고삐를 넘겨받아 끌고 오곤 하였다. 그렇게 술이 취하기만 하면 그 할아버지는 손자에게 그 아버지의 경제적 고통에 대해 말하곤 하였다. 그리고 다음날 아침 술이 깬 후에는 어제 말한 것을 모른척 하려고 애썼지만 이미 그것은 소년의 마음속에 박혀 있었다.

   이에 대해 로이드 존스는 다음과 같이 말했다.

     그런 사실은 나에게 깊은 아픔을 주었습니다. 그래서 매주마다 1페니의 사탕을 사던 것을 반 페니로 줄였습니다. 그것이 내가 가족에게 할 수 있는 노력이었으니까요.

   그 후 3년간 그는 이런 가난의 짐을 누구와도 나눠 갖지 않았다. 그 영향은 학교를 다닐 때도 계속되었다. 가정의 경제생활이 몹시 어려웠다.

제 2 장

학창시절: 트레가론과 런던의 생활

랑게이토에서 4마일 떨어진 트레가론은 열한 살 먹은 마틴 소년에게는 새로운 세계였다. 트레가론 안내 책자에는 '트레가론은 많은 전설을 가지고 있는 안락한 오래된 도시'라고 했지만 마틴은 그렇게 생각하지 않았다. 트레가론과 학교는 마틴에게 너무도 낯선 곳이었다. 그것은 앞으로 정들었던 집에서 더 이상 살 수 없게 된다는 데에서 더 그런지도 몰랐다. 학생 수는 120명이었으며, 그중 마틴이 가장 어렸으나 입학시험에 차석으로 합격하였다. 그곳에서 마틴은 형과 같이 살았다. 형 해롤드는 이미 월요일부터 금요일까지 하숙행활을 하는 데에 익숙해 있었다. 저명한 심장학자(cardiologist)인 윌리암 에반스는 그때의 인상을 다음과 같이 말한다.

트레가론 학교는 시골 농촌에서 신입생을 모집하였는데, 그 세 형제들은 용모와 품행이 도회지의 아이들 같았다. 참으로 그들은 우둔하고 수줍음이 많은 웨일즈 아이들과는 달랐다. 예의범절이 깍듯했고, 교우관계가 원만하며, 수업시간이나 토론시간에는 자신만만 하였다. 그들은 서로 개성이 뚜렷했지만, 결코 흩어지지는 않았으며, 특히 해롤드와 나하고는 두터운 우정을 갖게 되었다.

선생님은 포웰(Powell)과 미스 존(John) 두 분이셨는데 포웰은 영어와 역사 그리고 미스 존은 고전문학을 담당하셨다. 이 두 선생님은 해롤드와 마틴을 가까이에서 보살펴 주었다.

학교생활에서 마틴에게 가장 큰 영향을 준 사람은 역시 포웰이었다. 포웰은 마틴에게 역사에 대해 흥미를 갖게 하였으며, 학생 스스로 자신을 발견하도록 유도하였다. 특히 그가 주말에 내주는 숙제는 자기 발견을 하도록 유도하는 질문이 많았다. "여러분이 참석하는 교회의 예배가 시작된 것이 언제인가?", 또는 "회당은 언제 세워졌는가?", 또는 "윌리암 윌리암스의 찬송시에서 그가 어떤 신앙고백을 하고 있는지 알아올 것" 등의 내용이었다. 윌리암스는 본래 의학도였는데 1730년의 부흥 운동 때에 그의 삶에 변화를 일으켜 목사가 된 사람이었다. 의학을 사랑하던 그의 마음은 그보다 더 좋은 복음으로 채워졌고, 그의 찬송은 항상 더 훌륭한 의사이신 예수님을 노래하였던 것이다.

윌리암스의 찬송시 숙제는 마틴을 당황하게 하곤 하였다. 그의 찬송시들이 영어로 옮겨지지 않았기 때문에 웨일즈어로 된 그의 찬송시를 읽는다는 것은 보통 어려운 일이 아니었다. 정답을 가지고 온 학생은 아무도 없었다.

1913년 9월에 마틴의 동생 빈센트도 입학하였다. 그래서 이젠 셋이 함께 살게 되었다. 바로 그 해는 마틴에게 중요한 의미를 주었다.

첫째로, 그 해는 마틴이 의사가 되기로 결심한 해였다. 그의 외조부가 의사였다는 사실에서도 물론 영향을 받았기는 했지만 그보다는 자기 전공을 실습하기 위하여 고향으로 돌아온 데이빗 데이비스에게서 큰 감명을 받은 것이 결정적인 이유였다. 물론 그 결심은 자기 스스로 한 것이었으며, 그의 부모로부터도 큰 격려를 받았다.

둘째로, 1913년에 그에게 의미를 주었던 사건은 그의 교회가 칼빈파 감리교 소속 봉사단 단체를 랑게이토에 초대한 사실이었다. 그것은 다니엘 로울란드의 200주년 탄생 기념예배로 모인 것이었다. 그 단체는 마틴에게 큰 충격을 주었다. 그런 폭넓은 설교는 전에는 들어본 적이 없었던 것이다. 너무 많은 사람이 참석을 했기 때문에, 중요한 집회는 산기슭의 들판에서 모였다.

강단은 높았고 설교자 뒤에 사회자가 앉아 있었다. 설교자의 정면에는 약 사오천 명이나 되는 청중들이 앉아 있었다. 토마스 찰스 윌리암스 박사, 존 몰란 존스 박사, 역사가인 카디프 존 윌리암스 박사 그리고 스완시의 프리데크 목사의 설교들을 들었다. 그중에 마틴이 기억하는 것은 프리데크 목사의 예화였다. 그것은 스완시에 전동차가 들어올 때의 이야기였다.

그날은 길에 많은 짐들이 놓여져 있었으며, 로프를 큰 기둥에 연결시키는 작업이 한창 진행중이었다. 그리고 레일 위에는 전차가 서 있었다. 그 전차에는 위층과 아래층에 약 40명 정도가 앉을 수 있는 많은 좌석이 있었다. 그러나 '아직은 모든 것이 완벽하게 끝났을지라도 움직여서는 안돼!' 하고 프리데크 목사는 외쳤다. 드디어 개통식 날이 다가와 스완시의 왕족 가운데 한 사람이 왔다. 그 개통식에서 그 왕족이 하는 일은 전차의 꼭대기에 고정

되어 있는 큰 기둥을 풀기 위하여 로프를 잡아당기는 일이었다. 그 기둥의 끝에 있는 작은 바퀴가 전선에 닿는 순간 전동차는 움직이기 시작하였다.

무엇을 말하는 것인가? 레일과 전차가 이미 준비가 된 상태에서 바퀴에 전기가 통해 차가 움직인 것이지만 이보다 더 차를 움직이는 데 중요한 것은 그 힘을 연결시켜 준 작업이었다. 바로 다니엘 로울란드 목사 기념예배가 한 일이 그것이었다. 다니엘 로울란드 목사의 기념예배는 성령의 강한 능력을 다 죽어가는 교회에 연결시켰던 것이다.

그리고 또한 마틴에게 다음날 저녁집회도 기억에 생생하게 남게 되었다. 그 집회 때는 토마스 윌리암스(T. C. Williams) 박사와 존 윌리암스 박사가 설교했는데, 마틴은 그들의 장엄한 설교뿐 아니라, 그들의 훌륭한 인품에 매료당하였다. 토마스 윌리암스 박사는 마틴이 본 사람 가운데 가장 잘생겨 보였고, 존 윌리암스 박사는 가장 알맞는 말만 골라서 하는 웅변가이자 매우 귀족풍을 띤 목사였다.

존 윌리암스가 친구들과 함께 새벽의 여명을 보기 위해 스노던 언덕의 정상으로 올라갔던 이야기를 하였다. 드디어 여명이 밝아올 때, 그들은 경이로움으로 가득 찼다. 한 친구가 "야 멋지다"라고 소리쳤다. 존 윌리암스는 "정말 찬란하고 영광스럽구나"라고 덧붙였다. 그때 윌리암 윌리암스가 지은 유명한 찬송시 한 절을 낭송하였다.

새벽,
새벽의 여명은 나의 모든 것
그 여명의 밝은 빛을 맞이하는 것은
생명과 건강을 얻는 힘이 되나니

나는 그때까지 기다리리
잠시 후면 새벽이 올 것이로다
오라! 오라! 오, 새벽이여 오라!
나의 본향을 볼 것이다.

마틴과 그 자리에 참석한 다른 사람들은 깊은 감명을 받았다. 그 단체의 집회는 마틴에게 큰 충격을 주었으며 죽기 전까지도 칼빈파 감리교도들에게 흥미를 가지고 있던 것도 그 영향일 것이다.

마틴의 이런 순탄하던 소년 시절에도 1914년 1월 먹구름이 다가왔다. 예전처럼 저녁식사를 막 끝냈는데, 그의 아버지가 들어오셔서 아주 중대한 이야기를 하였다. 몇 주일 내로 랑게이토를 떠나야 한다는 것이었다. 사업에 어려움이 너무 많아, 있는 재산을 모두 경매에 붙여 모든 빚을 다 갚고나면 아무것도 남지 않을 정도였기 때문이었다. 상점의 모든 물건과 심지어는 방 안에 있는 가구 등 그 모든 것들이 다 팔렸다. 마틴이 지난 3년 동안 언젠가는 닥쳐올 것으로 예상했던 경제파탄이 실제로 눈앞에 펼쳐진 것이다. 마틴의 아버지는 가족들을 위해 최선을 다하려고 애썼다. 그가 생각해낸 가장 좋은 방법은 캐나다로 이민을 가서 새 생활을 시작하는 것이었다. 그러나 거기에는 문제가 있었는데, 그 해 6월에 해롤드는 웨일즈 중앙고등학교에 시험을 치러야 했고, 마틴도 이미 학업에 자리를 잡고 안정되어 있었던 것이다. 그때 트레가론 학교의 한 교사가 그의 아버지를 찾아와 지금 마틴에게 중요한 것은 웨일즈 중앙고등학교의 시험을 치르는 것이라고 설득하였다. 이에 헨리는 여러 가지의 재정상의 문제들이 해결되는 대로 혼자서 떠나기로 결심하였다.

헨리는 혼자서 캐나다의 위니펙으로 갔다. 그곳은 마틴의 외삼촌

댁이 있는 곳이다. 헨리는 일 주일에 두 번씩 꼭 편지를 보냈지만, 편지의 내용으로 보아서 위니펙의 생활은 모든 가족을 위해서는 불편하였던 것 같았다. 그러던 중 마틴의 어머니인 막달렌 로이드 존스 부인은 그의 남편으로부터 8월 3일에 런던으로 다시 돌아온다는 내용의 편지를 받았다. 그때 부인은 즉각 결정하였다. 즉, 마틴은 런던으로 보내고, 자신과 두 아이들은 르윈카드훠에 가기로 결심한 것이다. 그것은 마틴이 자기 아버지를 도와서 일자리를 구하는 데에 큰 힘이 될 것이라 생각했기 때문이었다. 마틴은 8월 1일 런던에 도착해서 외삼촌 댁에 있다가 8월 3일에야 겨우 아버지를 만났다.

아버지 헨리와 마틴에게 8월 첫 주간부터 시련이 시작되었다. 전쟁 중이라 할 일이 없었던 것이다. 런던을 매일 순회하면서 조그만 일자리라도 구하려 애썼다. 그러나 어려움들이 너무 많았다. 친척과 친구들이 마지못해 조금씩 빌려주기는 하였지만 특히 아버지가 돈이 없었기 때문에 더 힘들었다. 그때 마틴은 용기를 잃지 않았으나, 의사가 되는 것을 포기하고 은행원이 될 것을 생각했었다. 그들은 돈을 아끼기 위해 걷고 또 걷고 또 걸었다. 마틴의 외삼촌은 집에서 있으라고 여러 번 권유하였다. 외삼촌은 우유배달업을 하고 있었는데, 그 외판원들이 얼마 되지는 않았지만 겨울이 오기 전에 독일군대를 라인강 뒤로 쫓아낼 것이라는 승리감 속에서 군대에 입대해버렸기 때문에 그는 마틴을 대신 데리고 다녔다. 그 시대의 우유배달은 그렇게 쉬운 것이 아니었다. 각 배달부들은 마차에 큰 우유통을 싣고 다니면서 각 가정의 작은 통에 알맞은 양을 나누어 주어야만 하였다. 마틴에게 있어서 우유배달은 학창시절 가운데 잊을 수 없는 것이었다.

마틴의 아버지도 다행히 옛부터 그를 존경해오던 르윈카드훠의 한 사람이 필요한 돈을 빌려주어서 우유배달업을 시작하게 되었고 1914년 10월에 웨스트민스터의 레젠시 거리에 온 가족이 모여 살 수 있게 되었다.

형 해롤드는 사무 변호사의 견습생이 되었고, 마틴은 새벽 4시 30분에서 5시까지 우유배달을 하였다. 항상 그는 새벽이 되면 다른 형제들처럼 더 자고 싶었었다. 그러던 중 아버지 헨리의 새 사업이 성공적으로 시작되자 마틴은 학교에 다니게 되었고, 빈센트도 1915년 1월 뒤를 이어 학교에 들어갔다. 마틴은 정치에 대하여 예민한 반응을 보였고 역사와 영어에 관심도 많았다. 그러나 그에게 모든 관심은 과학과 일생을 보내게 될 의학과 관계된 과목들에 집중되었다.

1916년에 치룬 여름 시험의 결과는 그의 생애에 있어 전환점이 되었다. 즉, 웨일즈 신문에 머리기사로, '랑게이토 소년 데이비드 마틴 로이드 존스, 런던대학교 고등부 시험에 6개 과목 통과, 그중 5개 과목은 최고득점'이라고 실렸던 것이다. 그런 결과로 런던에서 제일 잘 가르치는 병원에서 의학 수업을 받을 수 있게 되었다. 마틴은 여러 병원에 통지를 띄워 보내었는데 그중에서 바돌로매 병원으로 가기로 결심하였다. 비록 16세의 어린 나이지만 기초 시험과 학장과의 면접에서 당당히 통과하여 1916년 10월 6일에 82명의 학생과 함께 의학 학업에 들어갈 수 있게 되었다.

훗날에 마틴 로이드 존스는 자신의 학창시절을 결코 비참했던 것이라고 생각지 않았다. 오히려 그의 생애에서 가장 행복했던 날들이었다고 말하였다. 트레가론의 카운티 학교와 메리레본의 문법학교는 추억을 남겼고 랑게이토에서의 축구선수로 뽑힌 것은 체력단련에 자부심을 심어 주었다.

제 3 장

의학박사 로이드 존스

　성 바돌로매 병원(St. Bartholomew's Hospital)은 런던 시내의 중앙에 위치하고 있었다. 1640년에는 그 건물에서 부상을 입은 크롬웰의 병사들이 치료를 받았었다. 종교개혁 당시에는 개신교의 순교자들이 처형된 곳이며 지금의 병원 건물 밖에 있는 거리 스미스 필드는 런던에서 고기시장으로 유명하였던 곳이다. 물론 그곳에서 불우한 빈민자들을 치료한 것은 병원이 처음 시작되기 100년 전의 일이었다. 병원이 설립된 것은 18세기 중엽이고 1916년에 병원은 600개의 침대를 갖추고 4개의 병동으로 확장되었다. 학생들에게 강의시간을 정규적으로 갖게 한 사람은 존 아버네시였는데, 그가 죽은 후 1831년에 바돌로매 병원에는 런던에서 제일 큰 의과대학이 세워진 것이다.
　마틴 로이드 존스는 그 병원의 첫인상에 대해 말하고 있지는 않다. 그러나 우리가 알 수 있는 것은, 그는 친절하고 온후한 성격을 지녔기 때문에 교우관계가 원만하게 이루어졌고, 동료들 가운데 인기가 높았으며, 그의 탁월한 능력은 존경의 대상이 되었던 것이다. 마틴은 그 당시 해부학 검사실(Post-Mortem room)에서 일하고 있는 모습을 담은 사진을 가지고 있다. 물론 병원 규칙에는 의학교과서 이외에는 인쇄나 촬영이 거의 금지되어 있었다. 특히 마틴은 노르만 무어 경(Sir Norman Moore)의 말을 신봉하고 있었다. 즉, "최고의 의사들은 시체 해부학자들이며, 그들은 시체실을 정신력을 키우는 장소로 여기고 있고, 그곳에서 사인분석(死因分石)과 발병과정 연구에 익숙해지는 훈련을 한다."

마틴은 의학공부 덕분에 병역의무는 면제받았다. 형 해롤드는 아베리스튀스에서 법률공부를 시작하려고 하던 중에 영국 웨일즈 수발종대에 징집되었다. 징집 면제는 의사들이 받는 혜택이었는데, 간혹 자원하여 입대한 의학도들은 다시 소환되어 돌아오곤 하였다. 그러나 마침내 전쟁이 런던에도 상륙하였다. 쩨펠리인(Zeppelin: 독일 비행기 이름)이 처음으로 런던을 공격하였던 것이다. 그때 사람들은 숨으려고 하지는 않고 오히려 영국 군인들이 쩨펠리인을 명중시켜 떨어뜨리는가를 쳐다보며 거리를 뛰어다녔다. 어느 토요일 아침에는 적군의 폭탄이 병원 가까이에 떨어져 마틴이 그곳으로 달려가 부상자들을 치료하였다. 그 당시에 가정과 병원생활 다음으로 마틴에게 중요한 일은 채링크로스 교회(런던시 중앙 스트랜 가에 있음)였으며, 또한 그의 삶에서 중요한 부분을 차지한 사람으로 후일 장인이 된 톰 필립스(Tom Phillips) 박사가 있었다. 톰 필립스 박사는 뉴캐슬 엠린에 소속되어 있었는데 그의 부친은 에반 필립스로서 50년 동안 베델 칼빈파 감리교회의 저명한 목회자이었고, 1859년 웨일즈 부흥 운동의 선구자이기도 하였다. 그는 그 어린 의학도를 1917년 교회 주일학교에 가입시켰다.

그리고 곧 이어 마틴을 필립스 박사 자신이 인도하는 신앙토론 대화의 광장에 참여시켰다. 그곳에서의 논쟁은 날카로워 매 주일 오후마다 격렬하였다. 물론 필립스 박사와 마틴은 가장 중요한 발언자였다.

전쟁이 끝나기 전에 해롤드가 심장이 약해져서 상이병으로 제대하여 집으로 돌아왔기 때문에 또 한 번 모든 가족이 모일 수 있게 되었다. 그때에 웨일즈로부터 친한 친구 윌리암스(D. J. Williams)가 로이드 존스 가족을 방문하였다. 그는 칼빈파 감리교에서 평신도 설교자가 되어 할로웨이의 웨일즈 교회에서 설교하기로 부탁받았던 것이다. 형과 마틴은 함께 거기에 참석했었다. 그 후 1918년 6월 해롤드는 많은 사람들의 목숨을 앗아간 대전염병에 걸려 쓰러져서 끝내 회복하지 못하였다. 1918년 7월 1일, 20세 나이의 해롤드 로이드 존스는 르윈카드훠 근처에 있는 교회묘지에 안장되었다. 바로 그 옆에는 할아버지 데이비드 에반스의 무덤이 나란히 있다.

해롤드에 관한 글이 그의 지도교수였던 레비(T. A. Levi)에 의하여 채링 크로스 교회에서 발간되는 "양떼"지에 실렸다.

> 그는 철저한 웨일즈 사람이었다. 법률을 공부하기 위하여 2년 전에 아베리스튀스대학에 입학하였으며, 나에게 많은 책을 요구하였는데 그 많은 책들을 어떻게 다 읽었는지 모를 정도였다. 그는 교실에 들어오기 전에 이미 많은 것을 준비하여 빈번하게 질문하였다. 또 의회 논쟁집을 독파한 후 나에게도 많은 글들을 보냈었다. 해롤드는 그의 친구들에게도 인기가 있었고 감화와 영향을 많이 끼쳤다.

그로부터 4개월 후에 전쟁은 끝이 났고, 11월 11일에는 군인들의 귀행 행진소리가 들려왔다. 12월에는 미국의 우드로우 윌슨 대통령이 조지 5세와 함께 무개차를 타고 승전 퍼레이드를 했다.

마틴 로이든 존스는 1921년 의학공부의 첫 관문인 M.R.C.S.와 L.R.C.P. 학위를 6월에 받았고, 10월 M.B.B.S.(의학학사)를 받았다. 그리고 나서 처음으로 토마스 하더 경(Sir Thomas Horder)의 밑에서 일하게 되었다. 토마스 하더 경은 바돌로매 병원에서 가장 유능한 의사 가운데 한 사람이었다. 또 그는 1910년 에드워드 7세의 병실에서 치료를 한 덕분에 할레이 가에 개인병원을 세우게 되었다.

로이든 존스가 하더 경의 관심을 받게 된 것은 이미 1920년 때부터였다. 평상시처럼 그날도 로이드 존스는 자기에게 할당된 외래환자들을 의학도의 입장에서 진단을 하였다. 조금 후 학생들을 가르칠 때 로이드 존스가 진단한 환자를 다시 하더 경이 진단하였다. 그는 진단 후에 로이드 존스의 진단에 매우 놀랐다. 하더 경 자신도 두 번씩이나 진단에 실패했던 것을 로이드 존스가 정확하게 진단한 이유는 우울한 표정을 읽을 수 있었기 때문이었다.

이와 같이 정확한 진단은 그가 목사가 된 후에도 볼 수 있었다. 한 간호원이 그녀의 부모님의 집에서 간호를 받으며 침대에 누워 있었다. 그녀는 체온이 치솟다가도 매일 저녁 옆에서 "아버지께 영광"이란 찬송을 부를 때면 체온이 정상으로 내려가곤 하였다. 로이드 존스 박사가 그 집을 심방하여 모든 사람들을 방에서 나가게 하였다. 그리고 그녀에게 물었다. "왜 병원에서 당신을 해고시켰습니까?" 그녀는 놀랐다. 차마 부모에게 그 사실을 말할 수 없었기 때문에 거짓으로 아픈 척 했던 것이었다. 로이드 존스 박사는 방에 들어가면서 체온기록판을 본 것이 아니라 환자의 표정을 보았던 것이다. 그때 그녀가 아픈 것이 아니라는 것을 확신하였다. 로이드 존스는 그녀의 빠른 회복을 위해 도덕적인 용기를 주고 약을 일회분 처방하여 주었다. 이 이야기는 그의 사위 프레드릭 카터우드에 의해서 알려진 것이다.

로이드 존스는 1923-1924년, 2년간 하더 병원의 제1의 임상의학조교로서 봉직하였다. 하더 경의 사상과 가르침 속에서 로이드 존스는 큰 영향을 받았다. 하더는 소크라테스적인 교육 전통으로 주도면밀한 질문을 던짐으로써 학생들을 교육시켰다. 학생들이 정확하게 사고하고 생각하고 표현하도록 가르쳤다. 하더 경은 윌리암 제본스(William Stanley Jevons)가 쓴 『학문의 원리들』(The Principles of Science)을 학생들에게 소개했다. 그는 과학적이고 논리적인 방법에 대한 연구 고찰에 중점을 두고 가르쳤다. 그는 원리로부터 일을 시작하여 환자의 모든 자료를 종합하여 가능성을 살핀 후 결론을 내린다. 하더 경에게서 수련받은 로이드 존스의 바돌로매 병원 동기생들 가운데 훌륭하게 된 의사들이 많이 있었고 세계적인 의학교수들도 많다. 로이드 존스의 가장 큰 소원도 하더와 같은 일반 내과의사가 되는 것이었다.

당시 마취전문의였던 랑톤 헤워(Langton Hewer) 박사는 이렇게 말한다.

> 내가 아는 로이드 존스는 훌륭한 학자요, 의학교사이며, 음악 애호가이다. 그와 함께 일류 오르가니스타가 있는 성 세펄츠르 교회에 가서 연주를 듣고 휴식을 취하며 점심식사를 하곤 했었다.

성 바돌로매 병원의 외과담당 의사인 제프레이 케인즈도 의학도 시절의 로이드 존스를 이렇게 평하고 있다.

마틴 로이드 존스와는 너무도 친했고, 우리 두 사람은 1920년 초에 성 바돌로매 병원에서 수석조교로 함께 봉직하였다. 그는 내과였고 나는 외과였다. 의학에 예리한 그의 지성을 항상 존경하였으며, 단지 친구이기 때문이 아니라, 같은 의사의 한 사람으로서 그의 인간성을 높이 칭찬하고 싶다.

의사 로이드 존스는 존경과 선망의 대상이었다. 그러나 그는 육체의 의사로 보다는 영혼의 의사로 부름을 받았다. 하나님께서는 그를 하나님의 도구로 사용하시기를 원하셨다.

제4장

사랑과 결혼

　오늘날 심리학자들이 사람들에게 한꺼번에 일어나지 않는 것이 좋다고 말하는 중요한 '삶의 변화들'이 있다. 여기에는 직장을 옮기는 전직, 집을 옮기는 이사, 결혼 등이 포함된다. 1927년에 마틴 로이드 존스는 이 세 가지를 모두 했다.
　이 중 마지막 것인 결혼 이야기부터 시작하기로 하겠다. 그는 1927년 1월에 베단 필립스(Bethan Phillips)와 결혼했다. 그의 결혼 생활은 54년 동안이나 지속되었으며, 금슬이 좋았고 행복하기 이를 데 없는 것이었다.
　사실 사춘기 때에는 그와 베단의 결합 가능성은 아주 희박해 보였다. 특히 이 두 사람이 결혼하기 13년 전에 만났을 때는 더욱더 그렇게 보였다. 1898년 5월에 태어난 베단은 마틴보다 거의 두 살이나 위였다. 그리고 그 시대 사람들이 그랬듯이, 이들에게는 십대의 생활이라는 것이 없었다. 그리고 성숙함의 차이는 더욱 분명했다. 소녀들이 소년들보다 더 어린 나이에 정신적으로나 감정적으로 성숙하는 것이 일반적이었는데 베단은 더욱 숙성했다.

마틴은 거의 첫눈에 베단에게 반했다. 그는 그 누구도 아닌 베단을 진정으로 사랑했다. 하지만 베단이 마틴을 처음 보았을 때는 달랐다. 마틴은 너무나 미성숙해 있었다. 하지만 그녀가 마틴을 싫어한 것은 아니었다. 베단이 자신에 대한 마틴의 분명한 애정에 반응하기에는 마틴이 너무 어리다는 것뿐이었다. 또 다른 문제라면 베단은 자라면서 점점 더 예뻐져 갔다는 것이었다. 그녀의 외모는 뛰어났으며 특히 눈이 예뻤다. 1920년대는 눈이 예쁜 것이 최고의 아름다움으로 여겨지던 시대였다. 하지만 그녀는 자신의 이러한 외모에 도취하지 않았다. 그녀는 이러한 넌센스와는 아주 거리가 멀었다.

결과적으로, 그녀는 많은 총각들의 선망의 대상이었다. 그들 중에는 상당한 자격을 갖춘 사람들도 있었다. 그녀의 아버지 톰 필립스 박사는 런던에서 안과 전문의사로 탁월한 위치에 있었고, 당시 수상이었던 데이비드 로이드 조지(David Lloyd George)도 웨일즈 출신으로서 그의 치료를 받았다. 이러한 사실 때문에 베단은 수상 집무실 다우닝가 10번지로부터 시작해서 위쪽에 사는 최상류층 사람들을 알고 있었다. 이들 중에는 대학 졸업자들도 있었으며, 그중에서도 작위가 있는 가문의 자제들이 특히 관심의 대상이었다. 그녀는 그 지역 귀족들의 집에서 벌어지는 멋진 파티나 유사한 일들에 자주 초대되었다. 물론, 로이드 존스 가문은 그렇지 못했다. 그들은 가난했으며 이러한 파티에 초대될 가능성도 없었다.

그 시대에는 데이트라는 것은 알려져 있지 않았다. 그래서 젊은 남자는 자신이 꿈꾸는 젊은 아가씨에게 단순히 프로포즈만 하는 경우가 많았다. 세월이 지난 후에 이것은 하나의 농담거리가 되었다. "베단, 29명의 총각에게서 구혼을 받았다면서?" 친구 중 하나가 그녀에게 물었다. 약간 당황해서 그녀가 대답했다. "말도 안돼요, 27명이었을 뿐이에요."

일찍부터 프로포즈를 한 사람들 중 하나가 그녀에게 빠진 젊은이 마틴이었다. 이제는 상황이 조금 달랐다. 이제 마틴은 그녀의 오빠 유안과 좋은 친구가 되었다. 당시 유안은 사우스 웨일즈(South Wales)에서 신학 수업을 받고 있었다. 그러나 그녀는 오빠 친구인 마틴의 프로포즈에 대해 여전히 '아니오'라고 말했다. 하지만 마틴은 그녀를 포기하지 않았다. 마틴에게도 다른 여러 가능성들이 생겨났다. 병원에 그렇게 싫지 않은 아가씨가 접근해 오고 있었다. 그러나 마틴은 다른 모든 아가씨들에게 퇴짜를 놓았다. 그가 사랑하는 여자는 오직 한 사람 베단 필립스였다.

마틴은 외모가 특별히 뛰어난 것도 아니었고 다소 말랐으며 거기다가 주변의 경쟁자들을 지나치게 의식하고 있었을 뿐이었다. 설상가상으로, 그는 테니스를 싫어했다. 그런데 베단은 테니스를 아주 좋아했다. 1920년대에는 테니스 코트에서 구혼이 이루어지는 경우가 많았다. 마틴은 마침내 테니스를 배우기 위해 최선을 다했으며, 이것은 베단에 대한 마틴의 깊은 사랑의 표현이었다. 그럼에도 불구하고 그다지 큰 진전은 없었다. 마틴은 또한 개를 아주 싫어했다. 그러나 베단의 가족들은 동물을 아주 좋아했다. 마틴이 거의 제일 싫어하는 일은 베단의 집에 있는 큰 개들 중 한 마리가 의자에 앉아 있는 그에게 뛰어 올라 그를 짓누르는 것이었다.

베단은 이제 대학병원(University College Hospital)의 의과 대학

생이 되었다. 그녀는 이곳에서 공부한 최초의 여성들 중 하나였다. 시간이 지나면서 그녀는 자신이 마틴과의 교제를 즐기고 있다는 사실을 발견하게 되었다. 사실, 그녀는 친구로서 마틴과 함께 있는 것을 아주 좋아했다. 그리고 9년이 흐른 후, 그들 사이의 성숙함의 차이는 사라졌고 연민의 정이 듬뿍 들었다.

그녀는 이제 20대 후반의 노처녀가 되었다. 그녀는 평균적인 결혼 연령에서 훨씬 더 지나 있었다. 나이와 함께 그녀의 지혜도 커갔다. 그리고 인생에서 정말 중요한 것이 무엇인지에 대한 그녀의 자각도 커갔다. 이런 것에 대해서라면, 마틴은 진정한 자질들을 갖추고 있었으며, 그의 이러한 자질들은 지속적인 것이었다. 그래서 마침내 이 둘 사이에 로맨스가 꽃피고, 마틴의 청혼이 받아들여졌다. 결혼 반지를 사기까지는 공식적인 약혼 발표를 않기로 했으나 비밀이 탄로되어 온 교회 사람들이 알게 되었다. 그 후 약혼식이 올려졌고 그리고 1927년 1월 8일, 이들은 결혼했다.

당연히 그래야 했듯이, 이들의 결혼은 하늘나라의 결혼이었다. 그녀는 하나님께서 마틴을 위해 준비하신 완벽한 동반자였다. 마틴과 잘 어울리는 베단의 자질들이 없었다면, 마틴은 자신이 살았던 그런 삶을 결코 살 수 없었을 것이다. 그녀는 "그가 강단을 지키게 하는 것"이 자신의 일이라고 말하곤 했다. 그녀는 분명히 그렇게 했다. 그러나 그녀는 많은 전통적인 아내들이 했던 것과 같은 방식으로 하지는 않았다. 그녀는 남들 앞에서는 자신의 자리를 지켰다.

그러나 그녀는 결코 어리석지는 않았다. 그녀의 손녀 크리스토퍼(Chrustopher Catherword)는 어린 시절에 집에서 엄마 아빠 중 누가 더 세냐는 질문을 받곤 했다. 그녀는 이 질문에 대답하기 힘들었다.

그녀는 두 분 모두 세다고 결론 내리지 않을 수 없었다. 그러나 그녀의 할머니 할아버지 세대에서는 이 질문에 대한 대답이 너무나 분명했다. 당연히 더 센 분은 그녀의 할머니 베단이었다. 그녀의 마음속에는 베단이 로이드 존스 집안을 이끌었다는 확신이 있다. 베단은 정말 그렇게 했다. 베단은 깊은 사랑과 돌봄으로 그렇게 했다. 베단은 엄하지는 않았다. 베단의 유머 감각은 어쨌든 대단했다.

그러나 중요한 이유는 베단이 그럴 필요가 있었다는 것이다. 로이드 존스 집안의 형제들은 뛰어난 지적 능력에 반해 생활의 실제적인 면에 대해서는 형편없었다. 마틴의 신체적인 반응 속도는 칼끝 같은 그의 지적인 반응 속도와는 반비례했다. 자녀들은 아버지가 무엇인가 골똘히 생각하며 마음속에 더 고귀한 것들을 궁리할 때, 어머니께서 "여보 뭐하세요!"라고 소리치시는 모습을 자주 보았다.

전적으로 헌신적인 아내 덕분에, 그의 그러한 성격은 문제가 되지 않았다. 그는 설교 준비를 하고, 사람들의 삶을 바꾸며, 나중에는 책을 쓸 수 있는 시간을 가질 수 있었다. 그의 아내 베단은 마틴이 잘하는 일에 집중할 수 있도록 해 주었다. 그리고 그녀는 나머지 일들을 돌보았다. 그녀는 모든 사람에게서 실제적인 기술을 기대해서는 안된다는 것을 깨달았다. 가정에서 파열된 수도관을 고치거나 자동차 세차나 전기를 수리할 수 있는 수많은 남편들이 있으나 마틴 로이드 존스는 그러한 일에 소질이 없어 다른 사람들에게 특별한 부탁을 해서 수리하였다. 그러나 다른 여자들과는 달리, 그녀는 이런 저런 일을 하지 못한다고 해서 남편을 절대 무시하지 않았다. 그리고 이러한 그녀의 행동은 남편에 대한 아내의 조그마한 자연스러운 사랑이 결코 아니었다. 이것은 남편이 그의 생애에서 성취한 많은 것들에 대한 크나

큰 찬사였다. 그녀가 어리석지 않았다는 또 다른 증거는 그녀도 강한 지적 능력을 소유하고 있었다는 데 있다. 이에 대해 남편 마틴은 매우 감사하게 생각했다. 당시 어떤 남성들은 의지가 강할 뿐만 아니라 정신적으로도 능력이 있는 여성에게 위협을 느꼈다. 그러나 이들과는 달리, 마틴은 아내에게서 조금도 위협을 느끼지 않았다. 사실 마틴의 장인 톰 필립스(Tom Phillips)가 딸을 잘 준비시켜 주었다. 이 시대에서는 예외적으로, 그의 딸은 다른 두 아들에 비해 조금도 뒤지지 않는 훌륭한 교육을 받았다. 베단은 런던 코리지트 학교(North London Collegiate School)에 입학했으며, 지금처럼 그때에도 이 학교는 그 지역 여학생들에게는 최고의 중등학교들 중 하나였다. 이 학교를 마친 다음 그녀는 런던대학(London University)과 유니버시티대학에서 공부했다. 특히 유니버시티대학은 빈센트 로이드 존스가 2학년 때 옥스퍼드로 옮기기 전에 다녔던 학교이기도 했다.

유니버시티대학은 영국의 일류 교육 기관들 중 하나였으며, 성공회 교인이 아닌 사람들에게도 입학이 허락되었다. 성공회 교인이 입학할 수 있다는 조건은 1870년에야 폐지되었다. 그러므로 필립스 가문처럼 자유 교회(Free Church)에 속하는 사람들이 이 대학에 많이 입학했다. 이 대학은 또한 이 지역에서도 최고의 교육 기관들 중 하나였으며, 본래부터 진보적이었고, 여성에게도 남성과 동등한 입학 자격을 인정한 최초의 대학들 중 하나였다. 여성들의 대학 입학이 19세기 말부터 허용되었음에도 불구하고 옥스퍼드나 캠브리지대학이 여성의 입학을 허용한 것은 1970년대의 일이었다. 그러므로 같은 대학의 졸업생들 간에 이루어진 로이드 존스 부부의 결혼은 당시로서는 매우 드문 것이었다.

마틴은 단지 아내의 외모만을 취한 것이 아니라 그녀의 마음을 귀중하게 여겼다. 그녀는 마틴과는 달리 결코 천부적인 신학자가 아니었다. 그러나 그녀는 남편의 설교에 대한 최고의 비평가들 중 하나였다. 그녀가 남편의 설교에 대해 어떻게 생각하는지를 말할 때, 그녀는 가족을 상당히 즐겁게 하기도 했다. 그녀의 비평은 최선의 비평이었다. 그녀의 비평은 아주 정직한 것이었지만 깊은 충성심과 사랑에서 나온 것이었다. 더욱이, 마틴이 훌륭한 신학자의 두뇌를 가지고 있었던 반면, 구약 성경에 대한 그녀의 지식은 마틴과 감히 비교할 수 없을 정도로 뛰어났다. 사람들은 자주 마틴에게는 성경 색인 사전이 필요 없을 것이라고 생각했다. 그는 아내에게 물어 보기만 하면 되었다. 그녀의 깊은 성경지식은 사람들을 놀라게 했다. 그녀는 성경의 가장 모호한 구절들까지 알고 있었으며 가장 복잡하고 발음하기 어려운 이름들까지 다 기억하고 있었다.

그들은 모두 웨일즈의 시골 풍경을 좋아했다. 웨일즈에 대한 그들의 애정은 대단한 것이었다. 그러나 음악에 대해서는 그들의 관심이 서로 달랐다. 마틴은 오페라를 좋아했으나, 베단에게 오페라는 그저 소음일 뿐이었다. 그는 두 딸 엘리자베스와 앤이 오페라 음악에 대한 자신의 애정을 함께 나눌 수 있는 사람들을 집에 데려올 때 가장 즐거워 했다. 그의 질녀 다비 로이드 존스는 후에 러시아 음악의 세계적인 권위자이자 북영국 국립 오페라(English National Opera North)의 지휘자가 되었다. 오페라는 로이드 존스 집안의 매우 큰 관심사였다.

베단은 또한 사람을 보는 눈이 매우 정확했다. 마틴은 사람들을 평가하는 일에 있어서는 그녀의 판단에 강하게 의존했다. 때때로 그는 열정 때문에 상대방의 결점들을 보지 못했지만, 그녀는 그 결점들을 철저히 찾아내곤 했다. 그녀는 어떤 사람들에게는 가족에게처럼 매우 솔직할 수 있었다. 그녀의 가족은 상상력이 아주 풍부했다. 이것을 '필립스가의 공상'(Philips imagination)이라 불렀다. 왜냐하면 이것은 그 집안 사람들에게 유전을 통해 매우 강하게 나타냈기 때문이었다. 그들이 결혼 후에 바닷가에 살았을 때, 그녀는 언제나 큰 파도가 마을을 덮쳐 모두가 익사하지나 않을까 하는 두려움에 휩싸여 있었다. 사실 이 무렵에 찍은 정말 멋진 그녀의 사진이 있다. 그렇게 멋진 모습을 한 그녀의 마음에 무슨 일이 일어나고 있었는지는 그 누구도 추측할 수 없었을 것이다. 베단은 공산국가의 기독교인들을 방문하곤 했었다. 그때 그녀는 '필립스가의 공상'과 똑같은 것에 사로잡혔다. 그녀는 목적지에 도착하기도 전에 국경에서 비밀 경찰에게 즉시 체포되지나 않을까 하는 두려움에 사로잡히곤 했다.

그러나 물론 이러한 두려움은 성경에서는 전혀 근거를 찾아볼 수 없는 것이다. 그러나 그러한 두려움은 사람들에게 일어난다. 어떤 사람들은 이러한 두려움들이 유전적인 것이라고 생각했다. 또 어떤 사람들은 이러한 두려움들이 가족의 행동 경향에서 습득된 것이라는 견해를 취했다. 아무리 두려워하건 간에 변하지 않는 진리가 있다. 그것은 그리스도인들에게는 그들을 돌봐 주시는 하늘에 계신 사랑하는 아버지가 있다는 것이다. 사람들은 자기의 감정들이 자기 생활을 지배하도록 허락하는 경우들이 자주 있다. 그 결과 자기의 감정들이 자신을 마비시킨다. 다른 것은 제쳐두고라도, 마틴은 의학적 훈련을 통해 이것을 완전히 이해했다. 그의 고전적인 저서 『영적 침체』(Spiritual Depression)가 그렇게도 유익을 주는 이유가 바로 여기에 있다.

우리가 얼마나 두려워 하건 간에, 우리는 또한 진리를 알 수 있다.

그리고 이 진리가 언제나 두려움을 몰아내 주는 것은 아니지만, 우리로 하여금 어느 목사가 우리의 '우스운 두려움'(funny fears)이라고 묘사한 것과 싸울 수 있도록 우리를 도와준다. 여기서 말하는 '우스운 두려움'이란 우리가 때때로 너무나 당혹한 나머지 우리가 그러한 두려움에 싸여 있다는 것조차 인정하지 못하는 그런 두려움을 말한다. 물론 이러한 두려움은 마틴과 베단이 누린 것과 같은 행복한 결혼 생활 속에서라면 배우자에게 드러내 놓고 말할 수 있는 것이다. 그렇다 하더라도, 베단은 아베라본(Aberavon)에 살 때 남편에게 자신의 바다 공포증을 말하고 싶지 않았다. 그리고 이것은 남편이 설교에 지장을 받지 않게 하기 위해서였다. 그의 저서 『영적 침체』에서 주어져 있는 충고는 신학적일 뿐만 아니라 체험적이며 실제적이기도 하다. 그것을 우리가 누구이며 우리의 구속의 대가 때문에 하나님께서 우리를 얼마나 사랑하시는지를 기억하라고 가르친다. 이러한 진리들을 스스로에게 적용하고 성도들에게 상기시켜야 한다. 그리스도인들은 자기의 비애의 감정들이 자신을 마비시키지 않도록 해야한다. 물론 그의 아내에게도 있었던 '필립스가의 공상'처럼 영혼의 겨울철이 있는 우리들에게도 치유케 하는 가장 놀라운 복음이 있어야 한다.

　마틴이 결혼했을 때, 그는 그리스도인이었으나 그의 아내 베단은 거듭난 그리스도인이 아니었다. 이것은 우리를 놀라게 할 수도 있는 것이었지만 엄연한 사실이었다. 이것은 그 당시의 상황보다 더 극적으로 표현한 것이다. 참으로 어떤 사람이 행복한 1월 어느 날 아침에 그들에게 이것이 사실이냐고 물었다면, 그들은 둘 다 아니라고 정중하게 대답했을 것이다. 그러나 사실은 마틴이 아직도 안개 속으로부터 벗어나고 있는 중이었다. 그 안개는 날이 무디어진 자유주의 신학이었다. 그는 목회자가 되라는 소명과 오랫동안 씨름했으며, 믿는 그리스도인이 된다는 것이 실제로 의미하는 바가 무엇인가라는 문제와도 오랫동안 씨름했다. 결혼할 때쯤에, 그는 진리 자체에 이르렀다. 그러나 방금 막 결혼한 훌륭한 여인이 다름 아닌 자신과 같은 그리스도인이 되는 일이 그에게는 결코 단순하게 일어나지 않았다.

* * * * *

참으로, 베단의 배경을 살펴보면, 그녀보다 더 경건한 가정에서 자랄 수 있는 사람이 없었을 것이라는 이유를 알 수 있다. 그녀의 할아버지 에반 필립스(Evan Phillips)는 웨일즈 출신 중 가장 탁월한 목사님들 가운데 한 분이셨다. 그분은, 지금 20세기에 그의 외손자가 그러하듯이, 19세기 웨일즈의 영적 거장이었다고 말할 수 있다. 에반 필립스는 두 번의 부흥 운동에 매우 적극적으로 참여했던 부흥사였다. 그는 우리에게 더 잘 알려진 1904-1905년의 부흥 운동뿐만 아니라, 사실 이것보다 더 국제적이었으며 결과적으로 더 큰 영적 영향력을 미친 1859년의 부흥 운동에도 가담했었다.

이 사실은 그 자체로 마틴 로이드 존스의 가장 정교한 저서들 중 하나인 『부흥』(Revival)에 강한 영향을 미쳤으며, 그가 1959년 부흥 운동 100주년에 했던 설교들의 기초가 되었다. 이얀 머레이(Iain Murray)도 지적했듯이, 마틴의 부흥 신학은 보다 잘 알려진 에반 필립스의 성령 세례 신학이 많은 영향을 끼쳤다.

에반 필립스는 친절한 사람이었으나 사진 찍는 것은 싫어했다. 로이드 존스의 집에는 그의 초상화가 하나 있는데, 그 속에 있는 그의 모습은 아주 완고해 보였다고 한다. 그 초상화는 그의 후손들이 어렸을 때 그들에게 강한 영향을 미쳤다. 그 초상화가 놀이방에 걸려 있을 때, 그들은 언제나 그분이 보는 앞에서 행동하고 있다고 느꼈다.

에반 필립스 목사는 꽤 큰 집안의 어른이었으며, 사랑스러운 대가족들에 둘러싸여 있었다. 그분은 여러 해 동안 뉴캐슬 엠린(Newcastle Emlyn)에 있는 한 교회에서 목회를 하셨다. 이 곳은 1904년 부흥 운동 때 아주 이상한 일들이 일어난 곳이기도 했다. 그의 모든 가족들은 이 부흥 운동의 지도자들 중 한 사람인 에반 로버트(Evan Roberts)를 잘 알고 있었다. 사실 에반의 아들 존이 한 때 그를 가르쳤다.

베단의 아버지 톰 필립스는 1904년까지 런던에 살았으며, 안과 의사 개업으로 바빴다. 또 채링 크로스 교회 주일학교 부장직을 성실히 수행했다. 마틴이 필립스 박사의 주일학교 성인반에 등록한 것이 1917년이었다. 그때 톰 필립스는 가족들을 통해 그들의 가정 가까이서와 그 안에서 일어나고 있었던 크나큰 영적 축복의 놀라운 사건들을 알고 있었다. 당시 웨일즈로의 여행은 요즘처럼 쉬운 것이 아니었다. 그러나 그는 두 아이들이 학교에서 많은 것을 배우고 있기는 하지만 잠시 동안 학교에 결석하는 것이 그리 중요한 일이 아니라고 생각했다. 왜냐하면 지금이 아니면 그들은 이러한 부흥을 다시는 볼 수 없을지도 모르기 때문이었다. 그래서 그는 여덟 살 된 유안과 여섯 살 된 베단을 기차에 태워 뉴캐슬 엠린(Newcastle Emlyn)에서 일어나고 있는 부흥 운동의 현장으로 보냈다.

그로부터 아주 오랜 세월이 흐른 후, 베단은 안경을 어디에 두었는지, 얼마 전에 무슨 말을 했는지조차 기억할 수 없게 되었다. 감사하게도 그녀의 정신은 그녀가 93살이 다 되어 죽을 때까지도 여전히 그

대로 였음에도 불구하고 말이다. 그러나 그녀는 당시의 부흥 운동을
마치 어제 일처럼 기억할 수 있었으며, 80세가 되어서도 생생한 기억
을 되살려 "복음"지(Evangelical Now)에 부흥 운동에 대한 글을 기
고할 수 있었다. 그녀는 그녀가 보고 체험하고 느낀 부흥의 모든 것을
이해하지는 못했을지 모르지만, 그것들은 결코 그녀의 기억에서 지워
지지 않았었다.

   로이드 존스는 부흥 운동을 직접 보지는 못했다. 하지만 그 부흥
운동에 대한 의식은 그녀의 설명에 의해서 결코 떠나지 않았다. 수십
년 후 마틴 로이드 존스는 자신이 묻힐 곳을 결정했다. 그때 그는 가
족을 진심으로 사랑했음에도 불구하고 로이드 존스 집안과 함께 묻히
는 쪽을 선택하지 않았다. 그는 자신의 영적 가족, 즉 그의 처가 집안
인 필립스가와 함께 묻히길 원했다. 그래서 그는 그들과 함께 에반 필
립스가 목회를 했던 뉴캐슬 엠린 외곽 지역 겔리 묘지에 묻혔다. 지금
은 그의 사랑하는 아내 베단도 그와 함께 그곳에 잠들어 있다. 상당히
감동적이게도, 그녀의 장례식 때 최근에 태어난 그녀의 증손녀 미파
니(Myfanwy, 에반 필립스의 맏고손녀)가 할머니 베단 로이드 존스
여사가 묻히는 것을 보고 울었다. 한 세대가 가고 또 한 세대가 시작
되었다.

* * * * *

   이 모든 것에도 불구하고 베단은 거듭난 그리스도인이 아니었다.
그녀가 이러한 사실을 직접 깨달은 것은 그녀와 마틴이 첫 목회지인
아베라본에 갔을 때였다. 하지만 여기에서 이야기를 뛰어넘기로 하겠
다. 베단은 남편의 말을 결코 거역하지 않았다. 그렇게 그녀는 자신이

들은 남편의 많은 설교들이 가장 깊은 의미로 그녀에게 얼마나 많이 적용되었는지를 생각해 보지도 않은 채 그것들을 받아들였다. 그러나 남편의 설교들을 들으면서, 그녀는 비록 자신이 그에 대해 모든 것을 알고 있지만 그것을 자신의 삶 속에 받아들이지는 않았음을 깨달았다. 일반적으로 볼 때, 그녀는 마틴과의 결혼을 통해 그리스도인이 되었으며, 물론 결혼 후에 그녀의 삶은 이전과는 전혀 달랐으며 훨씬 더 나았다. 그들에겐 서로가 있었을 뿐만 아니라 하나의 공통된 구세주도 있었다. 그들의 결혼 생활은 단지 행복한 생활이 아니라, 힘쓰며, 행복한 결혼 생활을 허락하신 하나님을 찬양하는 생활이었다.

제 5 장

영적 치료를 받은 의사

　채링 크로스 교회(Charing Cross Chapel)의 목사인 피터 휴거 그립피츠(P. H. Griffiths)는 랑게이토의 목사보다도 더욱 복음적인 기독교 신앙을 강조하였다. 그는 청중들이 그리스도인으로서 무엇을 준비해야 할 것인가에 대해 잘 알고 있었으므로, 그가 설교하는 동안에는 듣는 이의 이성이나 양심에 호소하여 계속 마음이 뜨거워지도록 하였다. 그는 신학이나 해설 대신에 풍부한 간증과 예화를 들었다. 그는 감정에 호소를 하였는데 그 효과는 대단히 컸다.
　예를 들어보면 "어머니가 사물을 보는 견해"라는 제목의 설교는 이사야 66장 13절 "어미가 위로함같이 내가 너희를 위로할 것인즉 너희가 예루살렘에서 위로를 받으리니"라는 본문으로 한 설교이다. 그 설교를 들은 회중들 가운데 감동을 받아 눈물을 흘리지 않는 사람이 거의 없었다. 내용은 칼말텐 근처의 농가에서 거하고 있는 고아의 이야기였다.

제5장 영적 치료를 받은 의사

그날 가족 대부분이 음악회에 갔다가 집에 돌아왔을 때, 그 농부의 부인은 자기 집에 거하는 어린 고아에게 시낭송을 하든지 노래를 하든지 좋은 것을 하라고 말했습니다. 그러자 아이는 노래를 하겠다고 대답하였습니다. '무슨 노래를 부를래?' '그리운 나의 집(Home, Sweet Home) 부를래요!' 라고 했습니다. 고아 아이는 어머니의 품이 그립고 행복한 집이 목이 메이도록 그리웠습니다.

마틴 로이드 존스는 후에 이 설교를 비평하면서 다음과 같이 말했다.

나에게 필요하였던 것은 내가 죄인이라는 것과 나에게 필요한 것이 무엇인가를 설교해 주는 것과 나를 회개하도록 하는 것, 그리고 거듭나는 삶에 대해 말해주는 것이었습니다. 그러나 그의 설교는 그런 것들에 대해서는 아무것도 말해주지 못하였습니다. 우리가 하는 설교는 모든 사람이 그리스도인이라는 가정 아래 행해지고 있어요. 만일 우리가 그리스도인이 아니었다면 거기에 있지 않았을 것입니다.

과연 교회생활을 통하여 영적 변화를 줄 수 있는가? 마틴 로이드 존스의 영적 변화는 교회생활에서 얻은 것인가? 마틴 로이드 존스는 그 형 해롤드의 갑작스런 죽음 후에 "인간은 그림자이며, 또 그림자를 추구하고 있는 존재"라고 하였다. 그의 생활에서 가장 심각했던 문제는 모든 사건 뒤에 웅크리고 있는 운명이었다. 그는 의심할 여지 없이 자기 집이 불탈 때 살아난 것이 자기에게 주어진 더 좋은 목적 때문이라고 생각했다. 이 섭리는 마틴이 랑게이토 교회에서 잘 부르던 찬송가에도 나온다.

고요한 중에 진행되는 주님의 섭리가 있음에 틀림없네…

마틴은 이와 같은 섭리를 과거 속에서 특히 교회생활 속에서 찾아보기 시작하였다. 1913년 랑게이토의 집회가 먼저 떠올랐다. 그 집회 몇 주 후에 그는 트레가론 운동장에서, 역사교사였던 포웰로부터 책을 받았다. "그 책을 읽어라!" 그 책은 호웰 해리스의 목회사역에 관한 소책자였다. 호웰 해리스(Howell Harris)는 18세기에 웨일즈에서 큰 부흥을 일으켰던 사람 중의 한 목사였다. 그것은 마틴이 칼빈파 감리교에 대해서 처음 읽는 것이었다. 거기서, 그는 하나님의 주권과 능력을 발견하였다. 모든 만물이 하나님의 영원한 보좌에서 정해진 대로 질서지어 진다는 교리를 알게 되었다. 그 후 성경을 읽을 때마다 특히 예정론의 진리를 연구하였다. 그리고 찾아낸 것을 가족에게 또는 주일학교에 가서 톰 필립스 박사에게 설명하기 시작하였다.

1923년 초에 로이드 존스는 복음적인 설교가 아니라 할지라도 자기의 궁금증에 도움을 주는 설교들을 듣기 시작하였다. 채링 크로스 교회와 웨스트민스터 교회를 왔다갔다 하였다. 그 당시에 웨스트민스터 교회의 교역자는 캠벨 몰간(Danpbell Morgan) 목사였다. 그는 1917년 미국으로 건너갔다. 그리고 그의 후임인 존 헨리 조웨트(John Henry Jowett 1863-1923)는 건강이 좋지 않아 1922년 12월 17일 마지막 설교를 하였다. 그 후 다시 윌리암스(T. C. Williams) 박사가 설교를 하였다. 이로써 웨스트민스터 교회는 사람들로 가득 채워지기 시작하였다. 마틴 로이드 존스도 그 설교를 듣기 위해 갔었다. 그러던 중에 새로운 목사에게 흥미를 갖게 되었는데, 그는 스코틀랜드 사람인 존 휴톤(John Hutton) 박사였다. 스코틀랜드 사람이며 53세인 휴톤 박사의 설교를 듣고 마틴은 크게 감화되었다. 휴톤 박사의 설교는 결코 순탄하지는 않았다. 그는 강해설교를 하는 것도 아니지만, 로이드 존스에게 많은 감명을 주었다. 그는 마틴에게 하나님의 능력으로 인간들의 삶이 변화된다는 확신을 주었다. 휴톤은 거듭난다는 중생을 믿었다. 마틴은 하나님께서 계획하시고 목적하신다는 것은 이미 알고는 있었지만, 하나님께서 직접 활동하시고 중재하신다는 사실은 처음으로 알게 된 것이다. 채링 크로스 교회에서 찾지 못했던 영적 실체에 대한 감각을 웨스트민스터 교회에서 알게된 것이다.

로이드 존스의 철저한 변화에 가장 크게 영향을 끼친 것은 죄의 문제였다. 자신이 지은 죄는 그 대가가 자기에게 온다는 것을 알았으며, 죄는 영원히 사멸되지 않는 행동들보다도 더욱 심각한 것이라는 사실을 인식하기 시작하였다. 인간의 욕망 가운데에는 더러운 것들이 있는데 사도 바울은 그것을 마음의 찌꺼기—교만, 탐욕, 질투, 사악함, 성냄, 빈정댐—라고 불렀다. 로이드 존스는 후에 '마음의 찌꺼기'라는 제목으로 설교를 하면서 "내가 이 설교를 준비할 때, 나 자신이 메스꺼웠고, 무척이나 증오스러웠다"라고 하였다.

그러나 그가 진찰을 할 때는 더욱 그랬다. 그는 자기 마음을 지배하는 원리를 발견하였다. 그 원리는 무척이나 자기 중심적이며, 자기 이익주의라는 것이다. 그 모든 것은 타락한 본성과 하나님과의 잘못된 관계에서 비롯된 것이다. "너희는 마음과 뜻과 정성과 온 힘을 다하여 주 너희 하나님을 사랑하라"라는 구절에 어긋나는 삶이나 태도는 바로 죄(罪)인 것이다. 그것은 사람들이 얼마나 많은 존경을 받느냐하는 것이 문제가 아니다. 만일 하나님의 영광을 위하여 전적인 삶을 살지 못할 때, 그 사람은 죄인인 것이다. 로이드 존스는 그의 체험을 고백하고 있다.

> 저는 순전히 하나님의 은혜로 인하여 그리스도인이 되었습니다. 제 생각이나 언행으로 되어진 것이 아니지요. 하나님은 제가 죽었다는 사실, 즉 '죄에 대해 죽었다는 것, 세상과 육체와 마귀의 노예라는 것, 제 안에는 선한 것이 아무것도 없다는 것'을 깨닫도록 하여 주셨습니다. 그리고 하나님의 진노 아래서 영원한 형벌을 받을 것도 가르쳐 주셨습니다. 제게 일어나는 모든 고난과 많은 문제들과 질병들의 원인은 하나님을 미워하고 죄를 사랑하는 저의 타락한 본성 때문이라고 하나님은 가르쳐 주셨습니다. 그 모든 문제들이 발생하는 이유는 잘못된 행동을 하기 때문만이 아니라, 자아의 중심이 본질적으로 잘못되었기 때문인 것입니다.

그 후 로이드 존스는 1924년과 1925년에 문학토론협회의 금요집회에서 "영적 각성"에 대한 연설을 두 번하였다. 그가 이 모임에서 첫 연설을 한 것은 1921년 "현대 교육"이란 제목의 설교였다. 1924년 3월 집회에서 한 연설은 "현시대의 징조"로서, 그 시대의 도덕적 무질서에 관한 지적이었다. 그는 도덕적 무질서로 8가지를 들었는데, 즉 남자와 여자들의 구분 없는 의상, 목욕탕에서의 빈둥거림, 학위를 따기 위한 경쟁, 신문과 광고, 무선 전신과 방송의 유행, 여권주의자들, 민족주의, 그리고 끝으로 교회의 위치에 관한 무질서 등을 꼬집어 놓았다.

1925년 6월에 한 연설은 마틴이 런던 의과대학에서 학위(doctor)

를 받은 후에 행해진 것인데, 처음에는 "성경에 나타난 예정론 고찰"에 대해서 하려고 했으나 제목을 바꾸어 "현대 웨일즈의 비극"에 대해서 하기로 결심하였다. 그 연설은 타이틀 자체부터가 사람들을 놀라게 하는 것이었다. 그는 그 연설에서 웨일즈의 타락에 대해 여섯 조항을 언급하였다.

1. 사람을 평가할 때 인격보다도 학위를 가지고 평가하는 경향이 있습니다. 무슨 학위를 가졌느냐? 다니엘 로울란드, 호웰 해리스, 윌리암 윌리암스, 존 엘리아스는 무슨 학위를 가지고 있습니까? 그러한 사람들을 배출한 나라가 오늘날 학위라고 하는 제단 앞에서 경배하는 것은 슬픈 이야기가 아닙니까? 그러한 것이 우리의 예배에까지 침투한 것은 분명한 부패인 것입니다. 이제 웨일즈에는 기독교는 자리를 뜨고 그 자리에 학위가 들어갔습니다.

2. 인생의 궁극적인 성공을 경제적인 부(富)로 측정하고 또 거기서 파생하는 힘과 지위에 애착을 갖는 경향이 있습니다. 런던에서 성공한(?) 웨일즈 사람이 새 옷에 새 자동차를 타고서 돌아오면, 얼마 후에 교회에서 상석이나 집사직이 주어집니다. 특히 태도가 가장 빨리 변하는 사람은 그 지방의 은행가들이어서 그들은 비난을 많이 받습니다.

3. 지극히 작은 업적을 가지고도 웨일즈 신문에 과시하는 경향이 있습니다. '조니 존슨 씨가 런던 웨일즈 은행의 입사 시험에 합격한 소식을 듣고 그의 많은 친구들이 기뻐하고 있습니다.' 이 젊고 명석한 사람들이 '우리 모두는 영리하다'고 으스대고 있습니다. 이것은 참으로 비극입니다.

4. 공직 임명에 대해 국가는 부정 부패를 일삼으며 공적인 약

속을 지키지 않고 있습니다.

  5. 찬송가를 오용하지 말아야 합니다. 찬송은 하나님을 찬양하는 것이지, 인간의 감정을 위한 노래가 아닙니다. 예배의 신성성이 사라져 찬송은 덜 부르고 인생의 감상만 불러 일으키고 있습니다.

  6. 강단이 부패하고 있습니다. 목회자 채용의 문제로서 현 교회의 절반이 비어 있음에도 놀라지 않는 것은 설교자를 믿는 것이 거의 불가능하기 때문입니다. 또 다른 추악한 면은 설교 정치가의 출현입니다. 그리고 이제는 심리학적인 설교를 끝내고 참기독교를 설교해야 하며, 구원과 예정에 대해 두려운 마음으로 설교해야 할 것입니다.

마틴 로이드 존스는 끝으로 결론을 맺는다.

  이 시대에 우리의 의무는 무엇인가? 언제 우리를 덮칠지 모르는 대혼란과 직면해 있는 상황에서 우리는 무엇을 해야 하는가? 웨일즈가 필요로 하는 것은 무엇인가? 저는 웨일즈에서 기독교의 십자군들이 다시 한 번 앞장설 때가 오리라고 확신합니다. 우리들의 과거와 현재는 미래를 위한 담보물인 것입니다.

  로이드 존스의 이 연설은 엄청난 것이었다. 다음 날 "사우스 훼일즈 뉴스"(South Wales News)지에 그 모임과 결과에 대해서 대서특필하였다. 그리고 런던까지도 온통 화제거리가 되었다. 신문사에서는 그가 지적한 문제들을 앞다투어 실었고, 그와 관련된 다른 문제들까지도 다 들추어 내었다. 여하튼 로이드 존스의 "현대 웨일즈의 비극"은 센세이션을 일으켰다. 그럼 여기서 모든 것을 종합하여 로이드 존스 박사의 말을 직접 들어보자.

　많은 사람들이 종교적인 가정에서 종교적인 분위기 속에서 교육을 받으며 복음을 들어왔습니다. 그리고 교회와 주일학교에 한 번도 결석하지 않았습니다. 그렇지만 그들은 아직 거듭나지 않았을지 모르는 것입니다. 그들은 구원이 필요합니다. 그러나 구원을 받는 데에는 종교심도 가치가 없고, 도덕심은 말할 것도 없고, 다른 어떤 것으로도 구원될 수 없습니다. 왜냐하면 구원은 믿음으로 얻어지는 것이며 '순전히 은혜로' 주시는 것이기 때문입니다.

제6장

목회 소명을 받음

목회 후보생들은 복음증거자가 되기로 결심하기 전에 소명의식이 있어야 한다. 로이드 존스의 경우는 그것이 확실하였다. 이미 18,9세의 학창시절에 그는 미래의 자신의 목회활동을 꿈꾸어 보았다. 그는 그리스도인이 되면서부터 어떤 소명의식을 직감하였는데, 이제는 그것으로부터 피할래야 피할 수 없는 강권적인 의식이 되고만 것이다.

그는 스펄전(Spurgeon)의 글에 매료되었다. "만일 당신이 다른 일을 할 수 있거든 그것을 하십시오. 목회를 안 하고도 견뎌낼 수 있으면 그렇게 하십시오." 로이드 존스는 후에 "나는 다른 일을 할 수 없어. 나는 말씀 전파만 해야 한다"고 고백하고 있다.

1925년 2월에 "현대 웨일즈의 비극"이란 강연을 한 이후에, 그것으로 인해 자신이 유명해진 것은 별로 흥미가 없었고 오히려 그 속에서 더 큰 동기를 부여받았다. 그 동기의 내용은 칼빈파 감리교회에서 사역하기 위해 아베리스테스에서 신학을 공부하고 있는 친구이며 후일에

제6장 목회 소명을 받음

처남이 된 유안 필립스에게 보낸 서신 속에 잘 나타나 있다.

■ 친애하는 유안에게 ■

　빨리 답장을 쓰지 못해 미안하네. 그러나 이유는 알고 있으리라 믿네. 며칠 전 "사우스 웨일즈 뉴스"지를 보았다면 알겠지만, 요즘은 전화와 초청이 많아서 내 시간이라고는 가질 수가 없다네.

　사실 지난 주에 연설문을 다 마쳐놓고 자네에게 몇 가지 의논하고 싶은 것이 있었네. 나는 이미 미래에 대하여 결심했으며 시험을 마치자마자 이미 헬라어를 한 강좌 들었다네. 그러니까 내 연설문은 앞으로 할 설교를 연습하려고 해서 했다기 보다는 자유로운 가운데서 준비되어진 것이라네.

　그 연설에 대해서는 말하진 않겠지만 채링 크로스 교회의 사람들은 모두 그것을 좋아하고 있으며, 지금 나 자신도 전과는 다른 상태이네. 유안, 나는 앞으로 웨일즈에 큰 부흥이 있으리라 믿네. 그리고 웨일즈의 완성과 부흥을 위해서 자네와 내가 적극적으로 뛰어야 한다고 생각하네. 나는 지금 현재와 미래를 위해 지칠 줄 모르는 힘과 열정으로 노력해야겠다는 큰 책임감을 느끼고 있네. 유안, 이럴 때에 나에게 필요한 것은 친구의 따뜻한 우정이라네.

　전보다 더 열심으로 사랑해 주기를 바라네. 큰 목적을 이루는데 우리의 우정은 반드시 많은 도움을 줄 것이라고 믿네. 이젠 전보다도 더 열심히 서로를 위해서 기도하세.

　　　　　　　　　　　　　　　　　주 안에서 사랑하는
　　　　　　　　　　　　　　　　　마틴 로이드 존스

얼마 안 되서 채링 크로스 교회의 사람들은 마틴이 설교자가 되려고 결심하였다는 것을 알았다. 그 소식을 들은 사람들은 기뻐했고 유안도 역시 그랬다. 1904년 웨일즈의 부흥회 때에 크게 은혜를 입은 사람 중에 한 사람은 로이드 존스에게 "이 시대에 필요한 메시지를 주어서 고맙다"고 말하기도 하였다. 로이드 존스에게 설교를 처음으로 권유한 사람은 조셉 젠킨스(Joseph Jenkins) 목사였다. 그는 웨일즈에서 두드러진 설교가로서 프리데크(Prytherch)와 함께 1925년에 채링 크로스 교회에서 목회를 하였다. 로이드 존스의 기억에 젠킨스의 첫 설교는, 다메섹에서의 사울의 회개에 관한 것이었는데 힘있고 확신에 찬 설교였다. 그런 이유에서인지 회중들은 프리데크보다는 젠킨스에게 관심을 가졌었다. 바로 그 젠킨스가 마틴의 2월 설교를 들은 후에, 자기와 함께 웨일즈 순회집회를 하자고 권했던 것이다. 웨일즈로부터 다른 요청들도 많았지만 모두 거절하고 1925년 4월 웨일즈 사회연합단체의 이스트 글라몰간 지부의 정기 집회에서만 설교를 하기로 하였다. 그 설교는 두 달 전에 채링 크로스 교회에서 행한 것을 다시 한 번 포괄적으로 재정리한 것이었다. 그것은 그 사람들이 먼저 그 설교를 다시 듣고 싶어 했기 때문이었다. 하지만 로이드 존스는 전에 한 설교 외에 세 가지 진술을 덧붙였다.

첫번째 항은, 로이드 존스 자신의 애국심이 심히 의심스럽다는 주장과, 런던에 거주하는 주제에 "최근의 웨일즈인들의 문제"에 대해서 말할 자격이 없다는 비평에 관한 것이었다. 로이드 존스는 그 문제에 관해서 이렇게 대답하였다.

> 그것은 저 자신이 웨일즈를 열정적으로 그리고 헌신적으로 사랑하기 때문이며, 과거의 웨일즈에 자부심을 갖고 있는 동시에

미래의 웨일즈를 지키기 위해서 그런 것입니다. 저는 웨일즈에서 태어나서 그곳에서 자란 사실을 자랑으로 여기고 있으며 또 런던에서도 웨일즈 교회에 출석하고 있고 그리고 휴일마다 웨일즈에서 지내고 있습니다. 이상의 모든 점들이 저로 하여금 웨일즈에 대해 관심을 표명하게 하는 충분한 이유입니다.

두번째 항은, 그의 설교 내용이 '너무 부정적' 이라는 주장에 대한 답변이었다. 그런 주장을 하는 사람들은 로이드 존스의 의견에는 동의하지만, 죄악을 제거하는 그의 '방법'에 대해서는 동의할 수 없다는 것이었다. 이 문제에 대한 설교의 본문을 약간 살펴보면 다음과 같다.

저는 처음 설교하기 전에 과연 어느 것이 옳은 것인가를 곰곰히 생각했습니다. 과연 어느 것이 더 옳은가? 제가 믿는 바로는 설교의 중요한 기능 중의 하나는 '당신은 죄인이요' 라는 실례를 들어주고 증명하는 것입니다. 우리의 문제는 우리의 본질적인 생활에 잘못된 것이 있다는 사실을 깨닫지 못하는 것입니다. 사람이 죄에 대한 깨달음이 구원의 가장 중요한 선행적인 전주곡임을 기억하지 못하는 것은 기만입니다.

세번째 항은, 로이드 존스가 웨일즈의 문제를 너무 터무니 없이 심각하게 보았으며, 결코 현재의 웨일즈는 그렇게 심각할 정도로 잘못되지 않았다고 하는 주장에 대한 비평과 답변이었다.

지금 제가 편견을 갖고 있다면 그것은 바로 그리스도인이 가지는 편견일 것입니다. 과거 웨일즈의 풍토는 기독교적이었습니다. 그래서 대부분의 주민들이 기독교적인 편견을 가지고 있었습니다. 이런 편견을 가지고 있지 않은 사람들은 제가 말한 것에 공감을 갖지 못할 것입니다. 웨일즈인들은 죄와 부패의 모든 세력을 꺾을 결의에 찬 투쟁으로 밀고 나아갈 희망을 가져야 합니다. 죽음은 더욱더 확실하고 엄격한 주관자(master)입니다. 우리들의 학위나 자격증들이 죽음이 올 때에 어떤 힘을 발휘합니까? 때가 늦기 전에 삶의 엄격한 실상으로 돌아가야 합니다.

로이드 존스는 그의 설교가 다 끝난 후에, 집회가 열리는 곳의 목사인 윌리암스(W. A. Williams)로부터 비난의 공격을 받았다. 윌리암스는 웨일즈의 강단과 그 강단을 지키는 사람들이 결코 그렇게 타락하지 않았다고 말했다. 이에 로이드 존스는 대응하기를, "만약 윌리암스 목사가 믿고 있는 것처럼 웨일즈에 다니엘 로울란드 목사와 같이 지옥을 설명한 훌륭한 설교자들이 있었다면, 그들의 설교에 의해 나타난 열매는 어디 있습니까?"라고 하였다. 그러자 다시 윌리암스는 "웨일즈의 생활은 그때와 같지 않습니다"라고 하였다. 이에 로이드 존스는 "환경을 바꿔야 한다는 것이 아닙니다. 예수 그리스도의 가르침은 시대마다 변하지 않았습니다"라고 하였다. 웨일즈의 강단은 무능하게 되어 효력이 없어졌고 그것이 가장 기막힌 비극이라고 하였다.

그 후에도 로이드 존스와 윌리암스는 개인적으로 논쟁을 계속했지만, 그들은 좋은 친구가 되었고, 윌리암스는 그에게 언제든지 자기 강단에 오는 것을 환영하겠다고 말하였다.

그 후 마틴에게는 심한 고통이 있었다. 그 이유는 의학을 포기하는 것이 과연 옳은 일인지 아닌지 하는 내적 갈등 때문이었다. 사실 그는 할레이 가에 하더 경의 병원 내에 개인 병원을 이미 세웠었다. 그리고 여전히 바돌로매 병원에서 중요한 연구를 하고 있었다. 한편으로는 자기 앞에 놓인 의학전문가로서 그 분야에서 그리스도인의 영향력을 발휘하는 문제도 중요하다고 생각하였다. 하지만 다른 한편으로, 모든 문제들과 또한 중요한 자기 이익을 포기하도록 만든 체험이 있었다. 그 체험은 1925년 부활절에 그의 레젠시의 집에서 동생 빈센트와 함께 작은 서재에 있을 때 일어난 것이다. 그 순간 그는 혼자 있었는데 그리스도의 죽음 속에 나타난 하나님의 사랑이 마틴을 엄습해 왔던 것이다. 그에게 새로운 영적 생활이 그리스도의 죽음을 통해서 일어나고 있었다. 하나님과의 새로운 관계를 갖게 된 동기도 역시 그 그리스도의 죽음인 것이었다. 그 죽음 속에 나타난 사랑이 마틴을 감동시키고 만 것이다.

> **그 사랑은 놀라웠으며**
> **그 사랑은 거룩하였으며**
> **그 사랑은 내 영혼과 내 생활과**
> **나의 모든 것을 요구하였습니다.**

하지만 주변에서는 계속 의학에 종사하기를 권유하였다. 특히 병원장 하더 경은 더욱 그러했다. 친구들의 놀림도 받았고 비난도 받았다. 그러던 중에 묘한 사건이 있었다. 바돌로매 병원의 가장 유능한 친구 의사 중의 한 사람에게 애인이 있었는데, 그녀도 역시 같은 병원 의사였다. 그들의 관계를 로이드 존스가 약간은 알았다. 그런데 갑작스럽게 그녀가 죽었던 것이다. 그녀를 잃은 그 의사가 자기 연구실에서 서 있는 모습은 너무 가련하고 절망적이었다. 두 시간 동안 아무 말 없이 넋을 잃고 창 밖을 보고 있었다. 그때 그의 모습은 로이드 존스에게 큰 충격이었다. 희망을 상실한 한 친구의 모습이 로이드 존스에게 비극을 체험케 하였고 인간의 허무함을 느끼게 한 것이었다. 이런 경험이 로이드 존스의 뜻을 더욱 굳어지게 하였다. 그리고 런던의 복잡한 거리를 걸을 때 지나가는 사람들을 보며 불쌍한 생각이 들었다. 그가 연구실에서 작업을 하고 있을 때, 가끔 자기 자신에게 설교를 하였다. 그때마다 성경 말씀은 살아 있었으며 항상 그를 축복해 주었다. 육체적 고통이 인간의 책임이라면, 하나님에게서 단절된 사람들을 위한 정당한 태도는 무엇이란 말인가? 하지만 그들이 그리스도를 통하여 하나님과의 관계가 회복되지 않는다면, 병의 고통이 줄어든다 할지라도 역시 인간은 죽어야 하며 마땅히 지옥으로 가고 말 것이다. 로이드 존스는 사도 바울의 말을 생각했다. "헬라인이나 야만인이나 지혜 있는 자나 어리석은 자에게 다 내가 빚진 자라"(롬 1:14). 바로 그 순간 그 말씀에 대한 책임감을 느낀 것이다. 그래서 즉시 그 구절에 대한 주석을 찾아보았다. "빚진 자는 자기가 분담한 것에 대해 어떤 압박감을 느끼는 사람이며, 다른 사람에게 줄 것이 있는 사람이다. 사도 바울은 줄 것을 가지고 있었던 사람이었다. 그는 주님에게서 그것을 받았으며, 또 그것을 가지고 나누어 주었다. 바로 그것이 바울의 생애를 바꾸어 놓았으며, 자신을 가리켜 그 은혜를 남에게 주어야만 하는 빚진 자"라고 하였다.

1925년 로이드 존스는 정신적 고통이 이만저만이 아니었다. 그는 존 낙스의 후계자였던 로버트 브루스(Robert Bruce)의 고백이 생각났다. 브루스는 스코틀랜드를 부흥시키도록 부름받은 귀족인데 이렇게 말했다. "나는 오랫동안 목회의 소명을 거역하였다. 그 동안 말을 타고 다니면서 얻은 것이 없고 말을 타지 않고도 얻은 것이 없다. 그저 양심의 가책만 받았을 뿐이다."

로이드 존스도 그와 유사한 형편이었다. 그때에 생애에서 가장 중

대한 시금석을 발견했다. "나는 다른 일을 도저히 할 수 없다. 내가 목회를 안하고도 견딜 수 있다면 의사를 하겠다. 그러나 나는 말씀 증거를 하라고 부름받았으므로 의사 일을 할 수 없다"고 하였다.

그러던 가운데 청교도의 책을 접하게 되었다. 그것은 포윅(F. J. Powicke)이 쓴 『리차드 박스터의 생애』(The Autobiography of Richard Baxter)였다. 그 책은 로이드 존스에게 청교도에 관해 첫 지식을 주는 것이었지만, 박스터의 진지한 신앙심은 로이드 존스를 더욱 흔들어 놓았다. 청교도들은 하나님과 하나님의 뜻을 확신한 사람들이었다. 그리고 하나님 보시기에 합당한 절대적인 의무가 무엇이며, 하나님의 마음에 합한 일이 무엇인지를 확실하게 아는 사람들이었다. 청교도들은 은총만이 자유와 용기와 평화와 능력, 행복과 구원을 준다고 믿고 있었다. 로이드 존스는 1926년 3월에 채링 크로스 교회의 문학토론협회 모임에서 "청교도 정신"이란 주제로 강연을 하기로 동의하였다. 그는 그 강연에서 존 번연의 『천로역정』, 『리차드 박스터의 생애』, 그리고 『조오지 폭스의 생애』를 통하여 발견한 청교도 정신에 관해서 설명하였다. 청교도 정신을 해석하는 데 필요한 것은 방대한 서적이 아니라 그 당시에 실제로 살아본 산 경험이었다. 번연의 『천로역정』에 나타난 위대한 진리는 그리스도인들이 영원한 세계로 가는 과정에서 큰 고통을 참아 내는 것 자체보다도, 그 고통들을 참아 내는 그리스도인들의 수고가 값어치 있다는 것이다. 계속해서 로이드 존스는 말한다.

청교도는 결코 강한 사람이 아닙니다. 청교도는 지극히 약한 사람이지만 자신이 약하다는 것을 깨닫는 가운데 강함을 체득하는 것입니다. 모든 사람은 약합니다. 남자도 여자도 모두 약합니다. 그러나 죄인들은 자기들이 약하다는 것에 동의하지 않습니다. 반면에 그리스도인들은 그렇지 않습니다.

반드시 깨달아야 할 것은 기독교가 개념 속에서만 존재하는 것이 아니라 활발한 능력 속에서 존재한다는 것입니다. 그리고 기독교는 인간을 개량시키는 정도가 아니라 완전하게 변화시키는 것입니다. 그리스도인이 되려면 성령의 세례와 개인의 체험이 있어야만 합니다. 하나님의 임재가 하나의 신비로운 이론일지 모르지만, 청교도에게는 지극히 평범한 일인 것입니다. 복음증거자의 소명을 깨달은 후 다가온 본질적인 장애물은 하나님 앞에서 자신이 너무도 무가치하다는 생각이었습니다. 그러나 그 어려움을 해결해 준 것은, 무가치하다는 생각을 제거했기 때문이 아니라 하나님께서 그러한 나까지도 사랑하셨다는 사실을 확신하였기 때문입니다.

로이드 존스는 복음은 그것을 믿는 모든 사람들을 구원하는 하나님의 능력이라고 보았다. 그런 관점에서 청교도를 영혼의 구원에 대한 열정을 품은 사람들로 이해하였다. 그리고 그 가운데서 고린도후서 5장 14절의 "그리스도의 사랑이 우리를 강권하시는도다 우리가 생각건대 한 사람이 모든 사람을 대신하여 죽었은즉 모든 사람이 죽은 것이라"는 말씀의 참뜻을 깨달았던 것이다. 사도 바울 역시 죄악 가운데 있었던 사람이지만, 그리스도의 사랑이 그를 강권하셨다. 그리스도는 모든 사람이 그 사랑 곧 우리의 죄를 대속하신 십자가의 의미를 알고 그 사랑에 참여하고, 그 사랑 안에서 기뻐하며 영광을 누리기를 원하셨음을 그는 깨달았던 것이다.

로이드 존스는 1926년 10월 이스트 엔드에 있는 포플라 선교회에서 처음으로 강단에 섰고, 채링 크로스 교회에서의 첫 설교는 10월 10일에, 웨일즈에서는 11월 11일에 첫 설교를 하였지만, 그곳에서의 기록은 남아 있지 않다. 그리고 탈보트 항구의 아베라본에 위치한 베들레헴 교회(Bethlehem Forward Movement Church)의 교회 서기인 리스(E. T. Rees)에게서 11월 28일 주일에 설교해 줄 것을 요청받았다. 그래서 로이드 존스는 응답의 답장을 기쁜 마음으로 써서 보냈다.

로이드 존스에 대하여 바돌로매 병원의 동료들은 이미 짐작을 하고 있었다. 1926년 가을, 의학부 조교수 게오프레이 에반스의 시간제 보조 연구 자리가 비어 있었다. 그 자리는 로이드 존스가 탐낼 만한 것이었다. 그 자리는 병원에서 좋은 지위를 보장받을 수 있는 곳이었기 때문이다. 그러나 로이드 존스는 그때 일을 이렇게 회상한다.

> 그것은 조금도 나를 움직이지 못하였습니다. 왜냐하면 이미 나는 목사가 되기로 결심을 하였기 때문이지요. 내가 목사로서 어떠한 권위를 가지든지 간에 그것은 내 편에서 결정한 어느 무엇의 결과도 아닙니다. 나를 붙잡으시고 나를 이끌어 내시어 이 사역을 위하여 구별하신 것이 바로 하나님의 손이었습니다. 하나님께서 내 영계와 심령 속에 압력을 가하셨고 역사하셨습니다. 내가 무엇을 해야 하는지를 깨닫게 하시고 강권적으로 역사하셨습니다.

제 7 장

아베라본에서의 첫 목회생활

　탈보트 항구는 19세기의 도시이다. 항구시설은 1830년에 부두가 지어졌으며, 철광석을 수입하고 석탄을 수출하는 것으로 유명하였다. 1926년경에는 탈보트 항구도시의 산업이 이웃 도시인 아베라본 때문에 빛을 잃어 갔다. 아베라본은 휴양지 장소를 제공하였으며, 많은 건물들이 있었기 때문이다. 하지만 그때까지만 해도 아베라본은 영국 전역에 거의 알려지지 않았었다.
　그러나 그 지역 하원의원이 1924년에 영국 제도(British Isles)의 초대 사회당 수상이 되면서 새로운 역사를 만들어 냈다. 또 1920년 남부 웨일즈에서 정치적 혁명으로 진통을 겪을 때, 아베라본 선거구에서는 사회주의자 제임스 램제이 맥도날드(J. R. MacDonald)가 선출되면서 그 혁명의 선동자적 역할을 하였다. 이와 같이 아베라본은 사회주의자 후보들, 강력한 마르크스주의자들, 무신론자들의 온상으로 기독교에 대해서 공격을 퍼부었다.

제7장 아베라본에서의 첫 목회생활

1926년 11월 27일 토요일, 탈보트의 기차역에는 로이드 존스를 마중하기 위해서 세 사람, 즉 리스(E. T. Rees), 트레포 존스 그리고 전임 목사였던 루이스(T. J. Lewis)가 나와 있었다. 리스는 웨일즈에서의 사회주의를 구현한 사람으로 유명하다. 그가 교회 서기직을 맡고 있는 베들레헴 교회는 1897년 웨일즈와 다른 지역에 있는 두 장로교회의 후원과 정성으로 설립되었으며, 포워드 혹은 샌드필드로 알려졌고, 그 동안 7명의 목사와 1명의 선교사가 거쳐갔다. 1921년에 새 교역자인 루이스(T. J. Lewis) 목사가 큰 뜻을 품고 건물을 새로 지었지만 늘어나는 빚을 갚아야 하는 어려움 때문에 어쩔 수 없이 1926년 초에 사임을 하였다. 리스의 걱정도 역시 경제문제였다. 부채가 3000파운드였고, 은행 당좌대월도 200파운드를 초과하였다. 이런 시점에서 그는 로이드 존스를 초청한 것이었다.

11월 28일 주일 아침, 보통 때와 같이 70명 정도가 참석하였다. 로이드 존스는 고린도전서 2장 9절의 "하나님이 자기를 사랑하는 자들을 위하여 예비하신 모든 것을 눈으로 보지 못하고 귀로도 듣지 못하고 사람의 마음으로도 생각치 못하였다"라는 말씀을 가지고 설교하였다. 설교의 내용은 대략 이러하였다.

　　우리들의 거룩한 생각이나 고상한 감정 등은 구세주를 직접 만난 체험과는 비교도 할 수 없다고 복음은 말해주고 있습니다. 여러분은 이 땅에서 무슨 상급을 원하고 계십니까? 이 땅에서의 상급은 잠시 있다가 없어지는 것입니다. 신령한 삶에 대한 상급은 역시 신령한 것이기 때문에 우리 모두는 신령한 말씀으로 판단하는 법을 배워야만 할 것입니다.
　　영적 방식이 가져다 주는 상급은 영적인 상급입니다. 우리는 영적인 기질로 영적인 결과들을 판단할 줄 알아야 합니다. 사람이 무엇으로 심든지 그대로 거둘 것입니다. 누구나 이 점을 알 수 있고 또한 맛볼 수 있습니다. 투쟁은 어렵습니다. 전투는 격렬합니다. 우리는 사방으로부터 그 삶을 포기하라는 유혹을 받습니다. 그러나 우리는 견고하여 있는 힘을 다해 싸우며 십자가를 붙잡아야 합니다. 악한 세력이 아무리 강하다 할지라도 하나님의 아들은 우리 편이시며, 하나님은 우리를 맞이할 준비를 해놓으셨고, 우리를 기다리고 있는 하나님의 선물은 결코 사람의 눈으로 볼 수 없고, 귀로 들을 수 없으며, 인간의 마음으로도 생각할 수 없는 것입니다.

그날 저녁에는 더 많은 회중이 참석하였다. 설교 본문은 고린도전서 2장 2절의 "내가 너희 중에서 예수 그리스도와 그의 십자가에 못 박히신 것 외에는 아무것도 알지 아니하기로 작정하였음이라"이었다. 모든 예배시간이 끝난 후 집으로 돌아오면서 리스는 무척 기뻐했다. 로이드 존스가 샌드필드에서 목회자로 설교하기를 원하였다. 그래서 로이드 존스는 12월 12일 주일에 자기의 약혼녀 베단 필립스와 함께 설교하러 다시 오겠다고 약속하였다.

그 후, 1927년 1월 둘째주 토요일 오후 2시 15분에 로이드 존스의 결혼식이 채링 크로스 교회에서 피터 휴거 그립피츠 목사와 존 디켄스 목사(런던 윌레스덴 그린의 칼빈파 감리교 목사)에 의하여 인도되었다. 로이드 존스의 결혼에 관해서 "사우스 웨일즈 뉴스"지는 "박사와 박사의 결혼"이란 머리말로 시작한 기사를 실었다.

마틴 로이드 존스 박사는 설교를 위하여 할레이 가에서의 의사 생활을 포기함으로써 최근 큰 화제를 일으키고 있다. 그는 아베라본의 베들레헴 교회의 목사가 되기로 수락하였다. 그의 신부인 베단 필립스 박사도 역시 아베라본에서 남편의 목회사역을 돕기 위하여 대학병원의 의사생활을 포기하였다. 아버지의 인도를 받고 나온 신부는 레이스가 달린 흰 샤머즈 까운을 입었다. 그녀의 면사포는 오렌지꽃으로 장식되였고 흰 장미꽃 부케를 들었다.

마틴과 베단은 사우스 드봉 해변가의 툴퀘이에서 신혼여행을 마치고 런던으로 돌아왔다가 1927년 2월 4일 아베라본에 도착하였다. 그의 환영식, 즉 로이드 존스의 부임예배에서는 피터 휴거 그립피츠 목사가 에스더서 4장 12-14절 본문으로 "모르드개의 삶"이란 제목의 설교를 하였다. 저녁 모임에서는 다른 여러 목사들이 기념설교를 하였다. 전임목사인 루이스는 4년 반 동안 사역한 후 "일하기 어려운 지역"임을 고백하면서 제발 "변화"가 일어나도록 회중들이 노력해 달라고 이임사에서 호소 하였다. 27세의 로이드 존스 목사의 축도를 끝으로 모든 순서를 마쳤다.

사회자는 복음 메시지가 그처럼 많은 회중을 모을 수 있었구나 하는 생각을 하였고, 로이드 존스는 청중들에게 묵직한 확신을 심어주었다. 신문에는 로이드 존스가 열렬하고 따뜻한 환영에 무척 놀라워 했다는 보도와 함께, 그는 결코 부흥을 시키려고 애쓰는 형(型)은 아니지만 만일 하나님의 은혜로 말미암아 부흥이 된다면 그는 기뻐할 것이며 바로 그것이 로이드 존스가 목회생활을 결심한 이유일 것이라고 덧붙였다.

20세기 청교도 목사가 탄생하였고 그의 첫 목회지는 하나님의 소낙비 같은 축복을 받게 되었다. 그는 불타는 열정의 소명의식을 가지고 시 한 편을 썼다.

오, 그리스도여!
주는 내가 바라는 모든 것입니다.
주님 안에는 그보다 더 풍성함이 넘치나이다.
타락한 자를 일으키시고
힘이 없는 자를 붙잡으시며
병든 자를 치료하시고
눈먼 자를 인도하소서.
주님의 이름은 거룩하고 의로우시나
저는 불의뿐입니다.
저는 거짓되고 죄로 가득 찼으나
주님은 진리와 은혜로 가득하십니다.

제8장

순수한 전도설교

　로이드 존스는 1927년 2월 6일 주일에 아베라본의 샌드필드의 베들레헴 교회에서 목사로서 첫 설교를 하였다. 그의 첫 목회시절(1927-1938)의 설교는 전도설교(Evangelistic Sermons)였다. 그가 첫 10년간의 목회 기간에는 한 설교를 일주일 내내 몸소 손으로 쓰는 것이 그의 습관이었다. 그 원고가 1981년에 그의 부인에 의해 발견되어 출판되었다.

　로이드 존스는 강단에 설 때마다 구원에 대한 실제적인 경험에 있어서 이전에 그가 그랬던 것처럼 어느 누구도 명목뿐인 기독교를 일삼는 실수를 해서는 안된다는 관심으로 가득 차 있었다. 교회들이 일상적으로 기독교를 단순히 인정하고 있었으며 그 결과 죄의식이나 복음이 지니는 놀라움이나 능력에 대한 확신에 있어서 일반적으로 쇠퇴해 가고 있었던 것이다. 이러한 상항에서 그는 비범한 권위와 구원의 열정으로 전도설교의 진리를 선포했다. 그의 21편의 전도설교는 수많은 사람들의 가슴과 양심을 향하여 선포되었다. 그의 『전도설교』는 기독교문서선교회에서 출판되었고, 목차는 다음과 같다.

『전도설교』 목차

- 머리말 -

1. 기독교 - 사람으로는 불가능함
2. 세상의 구주
3. 좁은 문
4. 왜 믿지 않는가
5. 그리스도 외에서는 결코 자유가 없으니
6. 인간의 근본적인 문제
7. 복음의 철저성
8. 예복을 입지 않은 자
9. 예수여, 우리를 떠나소서
10. 회개 - 하늘나라의 첫 문
11. 왜 하늘의 소망들을 이루지 못하는가
12. 표적을 잃은 자
13. 거짓된 가정들
14. 참된 종교와 거짓된 종교
15. 그 놀라운 복음
16. 그리스도에 대한 헌신과 그 헌신의 원천
17. 탕자의 비유
18. 온전한 구원
19. 그리스도의 참된 제자

20. 복음의 좁은 길
21. 세상 사람들이 잊기 쉬운 일

로이드 존스가 베들레헴 교회에서 처음으로 한 전도설교는 디모데후서 1장 7절의 "하나님이 우리에게 주신 것은 두려워하는 마음이 아니요, 오직 능력과 사랑과 근신하는 마음이니"를 본문으로 한 것이었다.

    모든 사람들은 하나님께서 능력으로 함께하시는 한, 기독교가 합리적이라는 사실만이 아니라, 평상시에 직면하는 문제들과 생(生)과 사(死)에 직결된 문제들 가운데 합리적인 것은 아무것도 없다는 사실을 증명하려고 노력해야 할 것입니다. 바로 그것이 현대 세계를 향한 기독교의 도전인 것입니다. 이런 관점에서 설교자는 참 기독교를 취급해야 하는데, 그 참 기독교란 두려워하는 마음이 아니라 능력과 사랑과 근신하는 마음인 것입니다. 만약 우리들에게 그런 마음들이 없다면, 우리가 믿는 기독교는 아마도 감정주의나 틀에 박힌 전통적인 사랑, 습관적인 종교, 혹은 두려움의 해결책에 지나지 않을 뿐입니다.

이 첫 설교는 로이드 존스가 의도한 방향을 간접적으로 분명히 암시하였다. 그가 시대를 이해하는 관점에서 가장 요구되는 개혁은 교회 자체로부터 시작해야 한다는 것이다. 일단 그리스도인의 체험이 회복되기만 하면, 세상에서 교회가 하는 말을 듣는 사람들을 얻는 데는 별문제가 없다는 주장이다.

두 주일 후에 그는 비슷한 주제인 "사도로 부르심"이란 설교를 하였다. 사도 바울은 그리스도를 믿는 사람은 성도(Saint)라고 불렀다는 것이다.

모든 성도들은 제게는 매우 중요합니다. 만약 어떤 사람이 특별한 사람이 아니라면, 그는 참 성도일 수 없습니다. 성도는 그리스도의 죽음과 부활을 믿는 사람이며, 거듭나서 새 피조물인 하나님의 자녀가 되어 그리스도의 형제가 된 사람입니다. 그래서 모든 성도는 특별한 사람들인 것입니다. 친구들 앞에서의 행동이나 태도를 의미하는 것이 아닙니다. 제가 뜻하는 것은 여러분 안에서 그리고 여러분을 통하여 역사하시는 성령의 능력이 여러분을 옛사람으로부터 완전하게 변화시킨다는 것입니다.

가끔 로이드 존스 목사는 회중들이 익숙해 있는 것과는 색다른 설교를 하였다. 1927년 2월말 주일의 설교 내용이다.

사람들은 흔들리는 신자들에 대하여 불평을 합니다. '왜 요즘 사람들은 예배드리기를 좋아하지 않는 거지? 왜 사람들은 하나님의 집에서 예배드리기보다도 해변가나 다른 곳에서 시간 보내기를 더 좋아할까?' 등등. 물론 그 대답은 아주 간단합니다. 그들은 해변가에서 얻는 것이 교회에서보다 더 많기 때문이라고 느끼기 때문입니다. 그러나 나는 그런 사람들에게 말하고 싶습니다. 참으로 예배처소에 참석하는 것보다 다른 곳에서 시간 보내는 것이 더 큰 이익이라고 확신한다면 그렇게 하기를 권합니다. 다른 곳에서도 좋은 것을 할 수 있다면 이곳에 오지 마십시오. 여기서 여러분들에게 주어지는 것들이 하늘나라에서 주어질 수 있는 것이 아니라면 해변가나 교외로 나가십시오. 그리스도의 교회는 믿는 자들의 교회이며 같은 신앙과 같은 사랑으로 맺어진 단체입니다. 그렇게 믿습니까? 결코 그렇지 않은 데도, 그런 척 하지는 마십시오. 제가 부탁하고 싶은 것은 끝까지 정조를 지키라는 것입니다. 만일 당신 가정에서 사람이 죽었을 때, 나가지(믿지) 않던

교회에 그를 장사지내 줄 것을 부탁하러 오지 말라는 것입니다. 그것 역시 해변가에 가서 위안을 받으시라는 말입니다.

우리는 대개 세상 사람들이 가지고 있는 값비싼 승용차를 주시해서 보며 그것들을 부러워하는 줄 압니다. 우리는 하나님의 풍성하신 가운데 모든 것을 소유하고 있습니다. 사마리아 여인에게 하신 말씀처럼, 우리 안에 '영원히 샘솟는 우물물을 가지라'고 하셨는데, 어떻게 우리가 세상의 우물물에서 즐거움과 행복을 찾는 자들을 부러워할 수 있단 말입니까!

일반적으로, 올바른 전도설교에 관한 설교를 한 주에 한 편씩 하는 것은 초창기부터 로이드 존스 목사의 습관이었다. 2월 첫 주일에 한 전도설교는 사람들이 기독교라고 잘못 알고 있는 복음의 표현들을 다루었다. 기독교는 도덕종교가 아니고 사회변혁이나 정치변혁을 위한 이론도 아니라는 것이었다. 그의 설교는 당시에 흔히 볼 수 있는 명목뿐인 형태가 아니었다. 로이드 존스 목사의 설교가 특이한 것은 그 내용이었다. 그는 죄의식과 복음이 가지는 놀라움과 능력에 대한 확신을 설교하였다. 회중들의 구원을 위한 진리를 열정적으로 선포하였다. 그의 설교는 성도들의 가슴과 양심을 향하여 선포되었다. 그의 설교는 철두철미하게 성경의 권위에 의존하였던 것이다. 성경은 정확무오한 진리의 유일한 원천이며, 종교체험의 마지막 선을 그어주는 재판장이다. 당시의 교회지도자들은 성경의 축자영감설을 불신하는 고등비평을 보편적으로 인정하였으며, 계시종교를 부인하는 말들이 평범하게 나돌았다. 한 역사가는 1920년대를 가리켜, "이것은 앵글로 색슨족이 기독교로 개종한 이후 잉글랜드 역사의 어느 것보다도 놀라운 사건"이라고 하였다. 당시 목회교육 훈련의 경향은 성경에 순종하는 것을 배우는 것이 아니라, 성경 비평에 더 치중하였다. 성경공부의 움직임은 거의 볼 수 없었고, 칼빈파 감리교의 목회후보생들 사이에는 성경을 무시하는 태도가 성행하였다. 설교도 할 수 없는 정도의 목회후보생들, 그리고 뚜렷한 소명의식의 확신이 결여된 목회후보생들은 소름이 끼칠 정도였다.

  이런 상황에 하나의 쐐기를 박은 사람이 바로 로이드 존스 목사였다. 그의 설교는 경험에 의존한 것이 아니고, 역사적인 계시진리의 복음을 선포하는 것이었다. 로이드 존스 목사의 설교원리는 뚜렸하였다. "예수 그리스도와 그의 십자가에 못 박히신 것 외에는 너희 중에서 아무것도 알지 아니하기로 작정하였느니라."

제 9 장

초교파적 복음사역

　로이드 존스 목사는 사역의 범위가 확대되면서 문제에 봉착하게 되었다. 그를 초대하기 원하는 단체들은 모두 나름대로 이유가 있었다. 그들은 대부분 1904-1905년 당시 영적 부흥 축복으로 가득 찼었던 웨일즈로 다시 돌아가기를 열망하고 있는 자들이었다. 부흥 기간 동안의 결과는 여러 교파가 혼합되었고 많은 곳에서 기성교회 내에 단합이 이루어지지 않았던 것이다. 칼빈파 감리교회는 그런 흐름에서 탈출하려고 진통을 겪었으며 침례교와 플리머드 형제교회(Plymouth Breathren, 1820년대에 영국사람 존 다비가 창시한 칼빈파의 종파)는 수적으로 증가하였고, 오순절파는 새로운 부흥의 메시지를 선포하면서 튀어나갔던 것이다. 그들은 냉냉한 교회의 힘없는 예배로부터 많은 성도들을 끌고 나갔다.
　그래서 복음주의 교회는 1904년 이후에 웨일즈에서 산산조각이 난 것이다. 그런 지도자들의 대부분은 기성교회와 기성교단으로부터 벗어나려는 사람들이었다. 대표적인 인물은 존스(R. B. Johns) 목사였는데 그는 1904년 부흥 기간에 가장 영향력 있는 설교자의 한 사람이었다. 존스 목사는 자기 교단이 자유주의 침투에 관용을 베풀고 있으므로 자기 교단의 정상적인 생활로부터 탈퇴하였으며 그는 4개의 독립교회들을 관장하고 포트에서 성경학교도 운영하였다. 존스 목사는 로이드 존스의 초기사역 때에 그를 도와주었고, 그를 가리켜 사도 바울과 같고 이 시대의 사명자라고 하면서 자기들과 합세하기를 원했다. 존스의 아들과 조카를 통해서 로이드 존스 목사는 1927년 10월에 크리스천 유니온에서 설교해 줄 것을 요청받았다. 존스가 편집장인 잡지 "복음주의"지에 로이드 존스 목사의 사역을 정기적으로 소개하였는데도 로이드 존스 목사는 그 초대를 거절하였다. 물론 존스를 위해서 응할 수 있었지만 영적인 분위기를 찾아볼 수 없었기 때문이다. 존스는 하나님의 말씀과 더불어 체험적인 기독교를 주장했다. 그는 성경을 의심하지는 않지만 신학적인 이해가 부족하였다. 그의 가르침은 혼합물이었고 근본주의라는 이름만 붙으면 무비판적으로 받아들였기 때문에, 일반적으로 침례교 연합운동에 반대하고 나섰다. 그의 설교는 너무나 탄핵적이었기 때문에 교인을 증가시키기는커녕 오히려 지지자들까지도 궁지에 몰아넣었다.

또한 웨일즈의 복음주의자들의 한쪽에서는 아직 성취되지 않은 예언의 전천년설을 보급하려는 운동들이 있었다. 형제교회 사이에서 보편적으로 볼 수 있는 현상으로 스코필드 성경학교에서도 그런 예언들이 의심없이 받아들여지며 주장되었다. 이런 형제교회들은 비정상적인 칼빈파 감리교의 설교자들보다도 더 놀라게 하였으며, 알렉산드리아의 아볼로에게 하나님의 도를 자세히 가르쳐준 아굴라와 브리스길라

부부(행 18:2, 18, 26)를 흉내내려고 하였다.

그런 가운데 로이드 존스 목사는 입장을 확실하게 표명하였다. 그는 두 가지 원칙을 말하였다. 그 첫째는 철두철미한 성경제일주의이고, 둘째는 18세기에 일어난 칼빈파 감리교의 부흥에 관한 관심이라고 하였다. 그런 그의 신념은 초기사역과 인생을 통하여 그를 보호하였던 것이다.

그러면서도 로이드 존스 목사는 어떤 어려움이 있다 하더라도 칼빈파 감리교 안에 제한되기를 원치 않았다. 그의 희망은 오히려 웨일즈 장로교가 본래의 모습을 찾아가는 것이었다. 그리고 자기에게 영향을 끼쳤던 원로 목사들을 주로 생각하였다. 조셉 젠킨스 목사는 1904년 부흥 운동의 선구자로서 1925년에 로이드 존스 목사를 전도여행에 같이 가자고 초대하였던 사람이다. 그와 로이드 존스 목사의 마지막 만남은 인상적인 것이었다.

1929년 여름에 젠킨스 목사의 병세가 악화되어 사경을 헤매고 있을 때, 엘리세우스 호웰스가 아베라본의 로이드 존스 목사에게 연락하여 찾아와 병문안해 줄 것을 부탁하였다. 란도베리를 향해 로이드 존스 목사는 출발하였고 다행히 운명하기 직전에 도착하였다. 그는 창문 밖으로 신음소리를 들을 수 있었다. 로이드 존스 목사가 방문을 열고 들어서자 젠킨스 부인이 그에게 남편은 의식이 없다고 말했다. 로이드 존스 목사는 젠킨스의 옆에 앉아서 그의 손을 잡았다. 그때 부인이 남편에게 이 사람이 누군지 아느냐고 물었다. 젠킨스 목사는 "그럼 알고 말고!" 하는 것이었다. 죽어가는 젠킨스는 고개를 돌려 로이드 존스 목사에게 말하였다. "당신은 나를 이 강에서 건져낼 수 있겠오?" "제가 그것을 할 수 있을지 모르겠군요. 젠킨스 목사님. 저는 이 강이 이렇게 넓은 줄을 미처 몰랐습니다"라고 대답하였다. 젠킨스는 말을 잇는다. 손을 가슴에 갖다 놓으면서, "그러나 모든 것이 다 좋소. 나는 예수 그리스도께로 가는 것입니다. 나는 여기서 더 느끼기를 원하오. 천국말이오." 로이드 존스 목사가 좋아했던 감리교인 조셉 젠킨스는 영원한 승리를 외치며 훌륭하게 죽은 것이다.

로이드 존스 목사는 그런 젠킨스와 프리데크(1931년 86세로 사망) 목사 같은 분들이 열중했던 복음사역들에 관심을 가질 뿐, 어느 교파에 속하려고는 하지 않았다. 그가 처음 아베라본에 왔을 때 웨일즈 칼빈파 감리교도들은 그가 자기들과 같이 되기를 바랐지만, 로이드 존스 목사는 그렇게 할 수가 없었다. 과연 로이드 존스 목사는 교파에 관심이 없는 것일까? 그 대답은 베들레헴 교회의 잡지인 "보물"지를 통해서" "복음과 죄"라는 제목하에 행한 대담에서 엿볼 수 있다. 다음은 사회자가 1933년 8월호 "보물"지에 수록한 내용의 일부이다.

    우리는 서로 다른 견해를 가지고 있으면서 서로 절친하였다. 마틴 로이드 존스 목사는 모든 불행의 근원은 죄라고 한다. 그리고 그 죄를 저지하는 방법은 죄인들을 회심시키는 것뿐이며 그렇게 할 수 있는 것은 복음의 능력밖에는 아무것도 없다고 한다. 그러므로 그리스도인이 해야 할 일은 죄인을 회심시키는 것과 그런 목적을 위하여 복음을 증거하는 것뿐이다. 여기서 마틴 로이드 존스 목사가 다른 비효과적인 복음전도 방법을 무시하고 복음 증거에만 역점을 두는가 하는 것을 이해할 수 있겠다.
    로이드 존스 목사는 교회의 관례적인 방법들에 대하여 역반응을 보였는데 그것 역시 복음의 은총을 통해서만 죄로부터 해방될 수 있기 때문이다. 그의 이런 절대적인 태도는 우리 교회들의 방법을 다시 검토하도록 만든다.

위의 글은 로이드 존스 목사의 생각을 잘 나타내주고 있다. 그는 특별한 원리보다는 일반적인 원리를 가지고 있다. 물론 그런 복음증거를 위하여 혼자서만 일하려고 고집하지는 않았다. 그의 사역의 초기에 마음이 맞는 형제들과 더불어 조용한 결속을 통하여 서로 용기를 북돋아주고는 하였다. 그 조용한 결속을 나타내주고 있는 문서가 보존되어 있다.

복음의 진리를 믿고 전파하는 자들이 서로 협력할 필요성을 느껴어 1930년 12월 30일(화요일)에 아베라본의 샌드필드에서 아래의 형제들이 만났다. 우리는 신앙 부흥 운동을 모색하기로 한다.

목사 마틴 로이드 존스
목사 F. W. 콜리
목사 A. 윈니 토마스
목사 D. W. 호웰
목사 엘리세우스 호웰스
목사 W. R. 제임스
목사 유안 필립스
목사 아벨 폭크 윌리암스
장로 T. K. 데이비스
장로 A. E. 달톤
장로 W. M. 존스

우리는 아래 조항에 모두 동의한다.
1. 우리는 서로의 생각과 체험을 솔직하게 교환하며, 우리의 실패와 잘못의 고백에 특별한 관심을 기울일 것을 스스로 선언한다.

2. 신앙적이 아닌 것은 무엇을 막론하고 그것은 죄이기 때문에, 신앙적이 아닌 활동은 각자 스스로 절제할 것을 선언한다.
3. 아래의 특별한 기도제목을 위하여 날마다 30분씩 하나님께 기도할 것을 선언한다.
   (a) 신앙 부흥 운동을 위하여
   (b) 서로를 위하여
4. 우리는 웨일즈 장로교회의 선언을 받아들이지만 특별히 우리의 목회에 더 아래 사항들을 강조할 것을 선언한다.
   (a) 우리의 회중들에게 회심과 중생을 강조할 것이다.
   (b) 모든 신자들은 죄사함과 구원에 대한 확신을 가져야만 할 것이다.
   (c) 모든 신자들은 그들이 성화되어가고, 성령을 받아들이고, 갈라디아서 5장 22절의 성령의 열매가 그들의 생활에 나타나는 것이 바로 하나님의 뜻이라는 것을 교육받고 지도받을 것이다.
5. 교회는 바자회나 음악회 등과 같은 세상의 수단과 방법에서 손을 씻을 것을 선언한다.
6. 다음 만남은 1931년 4월 10일(금요일)인 것을 선포한다.

위의 사람들은 대체적으로 젊은 층으로서 1730년대에 있었던 감리교의 '거룩한 집단'(Holy Club)과 유사하다. 교파를 중심으로 움직이지는 않았지만, 영적 운동의 주체역할을 하였고, 그들의 비전을 나누어 가졌다.

엘리세우스 호웰스는 그 모임을 제기한 의장의 강한 의지에 감탄하며, 다음과 같이 말한다. "우리가 놀란 것은 로이드 존스 목사가 신학서적이나 훌륭한 주석도 없는 가운데서 그런 내용 있는 제안을 한 것이다. 그의 지식은 정확하였으며 때때로 그를 통하여 존 웨슬리를 생각케 하였다. 그의 천둥 같은 두려운 설교는 큰 섬광을 발하였다."

그 모임의 교제를 통하여 도움을 받은 목사들이 많았지만, 엠린 존스 같은 사람도 칼빈파 감리교에만 머물러 있지 않고 훌륭한 설교자로서 두루 다녔다. 사실 엠린 존스 목사는 샌드필드에서 로이드 존스 목사의 후계자가 되었던 것이다. 또 데이비스(I. B. Davies) 목사도 그런 도움을 입은 사람 가운데 한 분이다. 그는 당시 목회자 후보생으로서 하나님이 자신을 복음증거자로 부르신 것을 확신하고 샌드필드에서 설교를 통하여 교육을 받았다. 로이드 존스는 데이비스에게 헬라어 문법책을 꺼내주면서 집에 가서 헬라어를 공부하라고 하였다. 그가 12개월간 집에 가서 헬라어를 공부하고 온 후에 목회의 소명의식을 깨우쳐주고 격려하여 주었다. 그 후 데이비스 목사도 보기 드문 불 같은 설교자가 되어 그 주변의 많은 사람들에게 영향을 끼치게 되었다.

제10장

진정한 부흥 운동

 부흥은 로이드 존스 목사의 사상과 설교로부터 멀리 떨어져 있는 과제는 아니었다. 오히려 인간들을 구원하시는 하나님의 사역에 관한 그의 절대적 확신과 관계가 깊었다. 로이드 존스 목사는 부흥을 "개개인의 회개 속에 나타나신 거룩한 능력의 확장"으로 보았다. 그러므로 그에게 있어서, 부흥에 대한 열심은 하나님의 영광을 위하여 많은 사람의 회심을 갈망하는 열심과 동일한 것이었다.
 부흥의 시대는 참된 기독교가 존재하는 곳에 흘러 넘치는 생명력이었다. 부흥은 특이하고 예외적이고 견줄 수 없는 신적 은혜였고 하나님의 영광을 드러내었다. 그러나 로이드 존스 목사는 인간의 노력으로 부흥을 일으킬 수 있다고 생각지 않았다. 아무리 큰 노력과 힘을 기울였다 하더라도 사람은 누구나 자기 스스로 참회개를 할 수 없는 것이다. 그는 부흥이 성령께서 비상하게 역사하실 때 교회의 생활 속에서 체험되는 것으로 보았다. 성령께서 교회에 속한 지체들 속에서 그러한 역사를 한다. 그러므로 부흥은 신자들의 부흥이다. 생명이 없던 것을 부흥시키는 것은 불가능하다. 부흥이란 먼저 나른해지고 잠들어 거의 죽어 가는 교회의 지체들을 활기 있게 하고 깨워 소생하게 하는 것이다. 갑자기 성령의 능력이 임하는 것이다. 이전에 그저 머리로만 믿던 진리를 새롭고 더 깊이 깨닫게 한다. 그 깨달음의 차원도 더 깊게 된다. 겸손하고 죄를 깨달으며 자신의 상태를 보고 무서워 한다.

이제까지 자신이 그리스도인이 아니었다고 느끼며, 드디어 영광이 충만한 하나님의 위대한 구원을 알게 되고, 구원의 능력을 느낀다. 그리고 그렇게 소생하고 새로운 생명의 힘을 얻게 된 결과로 기도하기 시작한다.

교회 밖에 있던 사람들이 회심하고 교회 안으로 들어온다. 부흥의 특징은 교회 지체들이 새로운 생명의 힘을 얻게 되고, 사람들이 놀랍게 회심하게 된다. 바로 이 점이 로이드 존스의 목회방침이기도 했다. 그는 이렇게 말했다.

> 인간은 할 수 없지만 하나님은 모든 것을 하실 수 있으십니다. 사도 바울도 혼자 힘으로는 단 한 영혼도 개종시키지 못하였으며, 그는 단지 하나님의 대리자였던 것입니다. 존 웨슬레, 다니엘 로울란드, 제네럴 부츠, 셀 여수아 그리고 다른 능력자들도 역시 혼자 힘으로는 한 영혼도 구원하지 못하였으며, 혼자서는 적을 패배시키지도 못하였습니다. 한 개인을 구원하는 것이 하나님의 주권이며, 초자연적인 능력이라는 사실은, 다수의 구원 때에도 마찬가지인 것입니다. 그러므로 사람들을 회심시키려고 애쓰는 사람들이나, 부흥을 일으켜보겠다고 노력하는 사람들은 큰 실수를 범하는 것입니다. 부흥을 위해 기도하자구요? 그래요, 하지만

부흥을 창조하지는 마시오. 그리고 만들어내지도 마시오. 부흥은
오직 그리스도에 의해서만 주어질 수 있는 것이니까요.

부흥은 교회의 발전과정에서 '특별한' 기간인데, 사람의 계획이나 의지에 의해서 된 것이 아니라, 하나님의 은혜로 말미암아 되어진 것이다. 로이드 존스 목사는 일찍부터 하나님의 활동의 말씀을 듣지 않고서는 믿음을 가질 수 없다고 했다. 성령께서는 회심을 시키기 위하여 말씀을 사용하시며 그 말씀은 설교라는 매체를 통해서 전달된다. 그래서 사도 바울도 "이는 우리 복음이 말로만 너희에게 이른 것이 아니라, 오직 능력과 성령과 큰 확신으로 된 것"이라고 주장하였다.

더 나아가서, 로이드 존스 목사는 하나님에 위해 인정된 설교나 복음전도가 성경에 계시되어 있다고 믿었다. 그러나 그의 생각에, 많은 대중설교들은 성경의 통제를 받고 인정받는 것이 아니라, 유행하는 사상이나 의견들에 의하여 특히 성도들의 취향이나 입맛에 의하여 인정받고 있었다. 소위 그러한 지적인 설교는 명백하게 성경과 일치되지 않는 것이다. '절대자', '실체', '가치', '우주', '기독론' 그리고 '로고스' 같은 용어들이 일상적인 말들이 아님에도 불구하고, 학식 있는 형태의 설교는 자주 존경을 받아왔다. 예수님 당시의 사람들은 실제적으로 예수님과 그의 메시지만을 이해하였던 것이다. 예수님을 따르던 위대한 제자들의 가르침도 예수님처럼 단순하지 못하였다. 사도 바울, 어거스틴, 루터, 칼빈, 파스칼, 웨슬리 등이 있다. 모두가 거대한 지성인들이지만, 아직도 그렇게 하기를 원하는 사람은 그 지성인들의 이성과 논리를 좋아할 수 있다.

로이드 존스 목사는 당시의 설교들이 근본적으로 잘못되었다고 믿었다. 성령의 첫번째 사역은, 하나님의 면전에서 인간들을 겸손하게

만들고 죄를 회개케 하는 것인데, 강단에서는 그런 면들을 볼 수 없었던 것이다. 하나님을 경외하지 않는 사람들을 부드럽게 대해 주고, 위로해 주며, 즐겁게 해주는 설교는 참으로 하나님이 인정하시는 설교가 아니라는 것을 로이드 존스 목사는 알고 있었다. 복음 앞에서 인간의 죄를 지적하는 설교, 그것은 1892년 스펄전이 죽은 후 잊혀졌던 원리였는데, 1920년대 후반에 아베라본의 샌드필드에서 재현되었던 것이다.

유대인들이 예수님의 설교를 듣고도 자기들의 죄를 깨닫지 못하고 그리스도를 영접하지 못했다는 설교, 위대한 사도 바울도 그리스도 예수 안에서의 구원뿐 아니라 사람들의 죄와 잘못된 생활 방식 등을 지적했다는 설교, 그리고 어떻게 탕자가 자기는 죄인이며, 자기 본성이 악하고 더럽다는 사실을 알게 되었는가 하는 설교들이 대표적인 유형이다. 그리고 그리스도께서는 인간들을 멸하러 오셨기 때문에 우리들도 아베라본 시(市)의 죄인들을 징계할 것이 아니라 그들을 죄로부터 구해지도록 하나님께 기도드리자는 설교도 하였다. 이와 같이 1929년에 '죄의 회개'는 아베라본 교회의 정규 주제가 되었던 것이다.

"사우스 웨일즈 뉴스"지의 기록 특파원이었던 그립피츠 존스의 "영혼의 치유자"라는 글은 당시 상황을 이해하는 데 큰 도움을 준다.

　　마틴 로이드 존스 박사는 7년 전 할레이 가에서 내과 전문의 의학박사로서 화려하게 출발을 하였다. 그러나 그는 지금 가장 어려운 상태에 있는 웨일즈의 베들레헴 교회에서 목회자로 종사하고 있다. 아베라본의 샌드필드는 죽은 모습이었다. 심지어 태양이 떠올라도 모래밭은 황폐해 보이고, 운집한 가옥들은 침울하고 희망이 없어 보였다.

그처럼 절망적인 세상에 젊은 의사 목사가 설교하기 위하여, 그리고 복음으로 살기 위해서 온 것이다. 그도 역시 그 고장을 둘러보고 아찔하였다. 완전히 다른 세상이었다.

하지만 사람들은 놀라기 시작하였으며, 젊은 의사 목사는 무서울 정도의 확신감을 가지고 설교하였다. 그는 가난하고 절망적인 사람들 속에서 같이 살며 일하기 위해서 명예와 돈과 취미 생활 등 모든 것을 포기하였던 것이다.

기독교는 이제 미미한 존재가 아니라 살아서 약동하는 실제적인 종교이다. 작은 베들레헴 교회가 가득차고 넘쳤다. 탈보트 항구도시뿐 아니라 주변의 도시들에도 모래언덕의 선교회관에서 일어나고 있는 일들이 퍼져가기 시작하였다. 호기심에 가득찬 사람들, 회의론자들 그리고 희망에 찬 사람들과 성도들이 몰려오기 시작했다.

이것은 진정한 부흥이다! 영원한 생명이다! 정말이지 말할 수 없는 기쁨이며, 지옥으로부터 천국으로 옮겨진 것이고, 어둠에서 빛으로, 슬픔에서 기쁨으로 변하였다.

로이드 존스 목사는 모든 교회 집회에 참석하였다. 주일 집회 두 번, 월요일 저녁 기도회, 수요일 저녁 친교시간 그리고 토요일 저녁 형제모임 등 모든 시간이 '대성황'이었다. 회중들은 영구적인 문제에 대해 토론하고 목사는 그 해답을 주었으며, 회중은 500명이 넘었으며, 한 해에 교회 일을 위해서 1000파운드를 마련하였다.

당시 전 웨일즈와 더불어 샌드필드는 기쁜 소식을 나누고 있었다. 그 '영혼의 치유자'는 웨일즈 전역에 걸쳐 수천 명씩이나 메시지를 듣도록 끌어들이고 있었다. 거기에는 카드놀이도 없고, 바자회도 없으며, 세상적인 유흥도 없었다. 단지 영혼 구원의 대드라마 외에는 아무것도 없었다. 로이드 존스 목사의 영혼 구원을 위한 열정은 불같이 타올랐다.

그 의사 목사의 설교는 심장 구석구석까지 파고 들어왔다. '아주 매혹적이면서도, 한편으로는 뉘우치게 하는 설교'였다. 그래서 더러는 설교를 듣고 다음과 같이 말하면서 돌아가는 사람들도 있었다. "우리가 모두 설교대로 해야 되지만 너무 두려워. 그것은 너무 힘든 일이고, 철저한 개혁이라고 생각해."

단 두 마디의 말을 가지고 감동을 주는 설교자가 세상에 또 있을까 생각해 본다. 그는 '인간보다 하나님을' 섬기라고 힘차게 설교하였다. "여기 사람과 하나님이 있습니다. 여기서 우리는 '사람보다 하나님을' 사랑하며, '사람보다 하나님을' 기쁘게 하며, '사람보다 하나님을' 순종해야 할 것입니다."

마치 최면술이라도 거는 것 같은 설교는 매우 자극적이었으며, 분명한 것은 웨일즈에 새로운 영적 각성 운동이 일고 있다는 것이었다. 이것은 1904년의 부흥 운동보다 더 큰 성령의 역사임에 틀림없다.

그러나 로이드 존스는 침묵을 지키며, 사람들이 '부흥'이라고 부르는 것에 대해 아무 말도 하지 않았다. 단지 그것을 마른 땅에 필요한 비에 비교한다면, 그것은 소낙비일 뿐이라고 말하였다.

교회 전도부는 전례 없는 교인 수의 증가 때문에 하나의 소설 같은 상황에 직면하게 되었다. 1930년대 초에 샌드필드의 새로운 현상은 사람들 사이에 상호의존적이고 놀라운 정도의 화목이 두드러지게 나타났다. 그렇게 많은 사람들이 그리스도 안에서 새로 태어난 어린아이들이었지만, 그들 각자의 신분이나 위치를 떠나서 즉석에서 한 가족의 일원이 되었다. 기성 교인들은 새로 복음을 받아들인 신자들을 도와줄 대책이 필요 없었다. 그들의 흥미는 매주마다 달라지는 교회의 성장하는 모습과 은혜의 증거들을 보는 데에 있었다.

어느 주일에는 로이드 존스 목사가 부재중이었는데도 회중의 수는 별차이 없이 예배당 건물을 가득 메웠다. 엘리세우스 호웰스는 샌드필드에서 기도와 교제의 시간에 참석한 후 기독교 신문에 이렇게 기재하였다.

> 이 모임들은 시간이 길기로 유명하였다. 그 모임들은 두 시간 내에 마치는 적이 없었다. 바람이 심하게 불고 아주 추운 겨울 저녁이었는데도 200명 정도 출석하였다. 그들의 기쁨은 단순한 감정적인 것이 아니라 깊은 곳에서 나오는 기쁨이었다. 때로 15 내지 20그룹으로 나누어 죄에 대해 고민하고, 위선을 벗어버리는 율법주의자들에게 은혜가 충만한 모습이 역력히 보였다.

사실 웨일즈의 다른 교회들에서 두 시간짜리 부흥 집회를 갖는 곳이 없었다. 특히 토요일 저녁에 갖는 '형제들의 시간'은 더 그러하였다. 열두 명씩 모여 서로 신령한 지식과 은혜를 자라게 하며, 설교자에게 의존하는 것이 아니라 그들 스스로 생각하고 기도하고 말씀 읽고, 토론 시간에 할 질문을 준비한다. 매주 토요일 저녁의 형제들 모임은 기도와 함께 목사가 "자, 질문들 해보시오" 하는 따뜻한 말과 더불어 시작된다. "목사님, 저는 아직도 유혹을 받고 있는데, 그것이 은혜 안에서 성장하는 증거인가요?" "그리스도인은 미래의 상급을 바라보면서 살아야 되나요?" 등등의 질문과 다정한 로이드 존스 목사의 성경적인 대답은 시간 가는 줄 모른다. 언제나 그 모임의 중심은 성경이었다.

그 형제들의 모임 시간의 구성이 주목할 만하다. 다른 교회나 혹은 다른 교파에서 호기심에 찬 방문객들이 자주 찾아왔다. 로마 카톨릭과 프로테스탄트가 한 자리에, 그리고 무신론자와 유신론자가 한 자리에, 사도주의자들과 오순절파가 한자리에 속하게 되었던 것이다. 요한일서에 나타난 것처럼 하나님의 자녀를 사랑하는 것이 사망에서 생명으로 옮겨진 자들의 증거라면, 샌드필드의 넘치는 사랑 운동은 그렇게 놀라운 것이 아니다. 로이드 존스 목사는 집회가 끝난 후에도 개인적으로 대화를 가지곤 하였다.

목자와 양의 결합된 모습이 여러 가지 형태로 나타났다. 조오지 젠킨스는 회개하고 그리스도를 믿기로 결심하였는데 그날이 마침 로이드 존스 목사의 생일날이었다. 그래서 그날이 되면 꼭 생일 카드를 보내오곤 하였다. 그리고 어떤 사람은 조선소 기사라는 좋은 직장에도 불구하고 술고래였었는데 회심한 후에 마음에 평화를 얻고 기뻐서 세 장의 사진을 보내 왔다.

첫번째 것은 신자가 되기 전 힘없이 가로등에 기대어 서 있는 모습이었고, 두번째 사진은 바닷가에서 로이드 존스 목사와 함께 찍은 것이고, 세번째 사진은 주일학교에서 성경공부하는 모습이었다. 그 세번째 사진은 복음과 교회를 중심으로 사는 사람의 밝고 맑은 표정이었다. 그는 각 사진 밑에다 "잃어버린 양", "나는 찾았네", "나는 구원 받았네"라고 차례로 써 놓았다.

이와 같이 목사와 양과의 개인적인 관계도 아름다웠지만, 샌드필드의 베들레헴 교회의 자랑은 교우들 전체의 교제에 있었다. 모든 사람은 그리스도의 지체라는 생각으로 하나가 되었다. 사도행전 4장 32절이 이론이 아니라 실제로 재현되고 있었기 때문에 샌드필드와 초대

예루살렘 교회는 너무도 흡사하였다. "믿는 무리가 한 마음과 한뜻이 되어 모든 물건을 서로 통용하고 제 물건을 조금이라도 제 것이라 하는 이가 하나도 없더라."

1930년 당시에는 전세계가 대공황으로 어려웠음에도 불구하고 베들레헴 교회는 해외 선교회를 돕겠다는 성금이 넘쳐흘렀다. 로이드 존스 목사는 해외선교를 위해 큰 헌금상자를 교회문 앞에 놓았는데, 그 계획에 전교우들이 협력하였던 것이다. 그중에 바이올릿 롭슨 부인이 있었는데 그녀는 그 동안 사치스런 옷과 외모에 많은 돈을 써버린 것을 후회하였다. 그리고 결혼반지부터 시작해서 모든 귀금속을 다 팔아서 주님께 바쳤던 것이다. 그녀가 죽은 후에 가족들이 종이 한 장을 발견하였는데, 거기에는 먼저 주님께 자기 자신을 바친 후에 그런 결심을 한 것이라고 쓰여져 있었다.

1932년 4월 12일 새로운 깨우침이 있었다. 나는 율법을 지킬 수 없었지만, 하나님의 아들이신 예수 그리스도께서는 율법을 완성하셨고, 또 나를 구원하시기 위해서 그 자신을 주시기까지 하셨다. 이제 나도 온 마음을 다하여 나 자신과 내가 소유한 모든 것을 바치고 싶다…지금 나는 하나님 아버지와 그 아들 예수 그리스도의 뜻에 따라 나 자신의 마음과 영혼과 힘을 바치노라. 나의 집과 내가 소유한 것과 앞으로 소유할 모든 것을 드리고, 겸손히 그리고 꾸준하게 믿음과 인내함과 신실함과 두려운 마음으로 우리 주 예수 그리스도만을 섬기겠노라. 명예도 없이 오직 모든 사람에게 정직하고 그들을 위해 기도하고, 모든 영광은 예수 그리스도께 돌리고, 그의 고난에 동참하기를 원하노라. 아멘.

참으로 사도시대의 정신이 샌드필드에서 재현되었던 것이다. 교회가 성장하여 가면서 전교우가 서로서로 협동하는 일이 절실하였다. 로이드 존스 목사는 갈라디아서 6장 1-5절의 "형제들아 사람이 만일 무슨 범죄한 일이 드러나거든 신령한 너희는 온유한 심령으로 그러한 자를 바로 잡고…"의 말씀을 가지고 이런 설교를 하였다.

이것이 사도 바울의 규율입니다. 우리는 한 가족으로서, 그리스도 안에서 하나인 것입니다. 만약 한 형제가 떨어진다면, 모든 가족이 그를 끌어올려야 하며, 한 교우가 구렁텅이로 떨어졌다면 전교우가 그와 함께 떨어지는 것입니다. 그리고 다시 그를 건져내야 하는 것입니다. 언제, 누가, 어디서, 어떻게 실수할지 모릅니다. 우리는 그때마다 온유한 심령으로 그러한 자를 바로잡고, 우리도 자신들을 돌아보아 그렇게 시험을 받을까 두려워해야 합니다. 그리고 짐을 서로 지고 그리스도의 법을 성취해야 할 것입니다.

한번은 가난한 윌리암 토마스가 아침 일찍 로이드 존스 목사를 찾아왔다. 그는 희망이 없고 슬픔에 가득 차 비참해 보였다. 토마스는 로이드 존스 목사에게 자신의 죄많은 과거사와 슬픈 이야기를 다했다. 참으로 토마스 자신도 용서함을 받을 수 있다는 사실을 깨우치는 것은 쉬운 일은 아니었다. 그러나 로이드 존스 목사는 사랑과 인내로 하나님의 말씀으로부터 토마스 자신의 추악한 죄까지도 그리스도의 귀하신 보혈로 씻음 받을 수 있다는 것을 보여주었다.

하나님의 성령이 이미 그 마음속에서 선한 일을 시작하였다. 복음을 믿고 그의 마음은 평화의 홍수로 충만하게 되었다. 그래서 토마스는 고침을 받고 그 영혼 속에 어둠의 그림자가 사라지게 되었던 것이다. 그가 예수 그리스도를 개인의 구세주로 영접하고 회심한 때는 70세에 가까웠다. 로이드 존스는 개혁파 성도들은 누구보다도 부흥에 관심을 가져야할 이유를 제시한다.

첫째로, 교회가 하나님의 교회임을 부흥이 입증하기 때문이다. 교회 역사의 도표는 올라가고 내려가고 내려가고 올라가는 도표이다. 그것은 교회가 인간의 제도가 아님을 입증한다. 만일 교회가 인간의 제도라면 오래지 않아 망하여 사라졌을 것이다. 교회는 살아 계신 하나님의 교회이고, 교회가 살아 있는 것은 교회가 하나님의 것이며 따라서 하나님께서 때때로 은혜롭게 그 보존을 위해 개입하신다.

둘째로, 이 부흥의 역사는 인간 혼자로는 무능한 것을 보여준다. 인간이 아무리 놀라운 신앙의 변증가요, 정통의 명수라 할지라도 어쩔 수 없이 무능력한 존재이다. 인간은 조류를 막아낼 수 없으며 상황을 바르게 할 수 없다. 원수가 홍수처럼 밀려올 때 일어나 깃발을 세울 분은 주님이시다. 부흥은 인간 홀로는 얼마나 무능하고 보잘것없는가를 입증한다.

셋째로, 부흥은 구원의 역사가 성령의 역사임을 입증한다. 인간의 마음과 생각과 의지에 성령께서 직접 역사하셔서 조명하고 새롭게 하시는 역사이다. 부흥의 역사 속에서 풍성하게 발견되는 것은 사람들이 집회 장소에 도착하거나 설교자의 말씀을 듣기도 전에 회심했다는 사실이다. 사람들이 길에서 회심했고 또 죄에 대한 깨달음이 왔었다.

넷째로, 부흥은 하나님의 주권을 나타낸다. 하나님은 전혀 생각지 않았던 때에 부흥을 주신다. 부흥에는 돌발성과 의외성이 항상 있다. 인간은 부흥을 일으킬 수도 멈추게 할 수 없다. 오직 하나님의 주권이 문제에 있어서 사람의 지혜와 명석함과 중요성을 뛰어 넘으신다. 그러므로 하나님의 주권을 그 무엇보다도 부흥에서 드러난다.

다섯째로, 부흥은 은혜의 불가항력적인 성격을 드러낸다. 교회 집회를 뒤집어 엎고 무산시켜 버리려고 갔던 사람들이 갑자기 거꾸러지고 엎드러져 눈이 열리고 생명을 얻게 된다. 조롱하러 왔던 어리석은 사람들뿐만 아니라 심지어 원수들과 과격분자들까지 낮아지고 제압당하여 회심하고 거듭나게 된다. 이처럼 부흥은 특이한 방법으로 특별한 성경의 교리를 강조한다.

제11장

북아메리카에서의 전도

로이드 존스 목사의 사역은 더욱 확장되기 시작하였다. 1930년 초에 북웨일즈를 방문하여 설교하는 일은 로이드 존스 목사의 정규적인 사역의 일부가 되었다. 1931년 10월 "복음주의"지는 북 웨일즈를 크게 감동시킨 그의 활력 있는 목회를 소개하였다. 그리고 4개월 후인 1932년 2월 그는 같은 북웨일즈에 있는 로스(Rhos)시를 방문하여 첫 설교를 하였다. 그곳은 웅장한 비국교도(Nonconformists)의 교회가 있었는데 1904년 부흥 때에 그 주역을 담당하기도 했지만, 시간이 흘러서 로이드 존스 목사가 방문했을 때는, 주변에 영적 영향력을 주지 못하고 있었다. 그곳에서의 첫 설교는 마태복음서 16장 3절의 "위선자들아, 너희가 천기(the face of the sky)를 분별할 줄 알면서 시대의 표적은 분별할 수 없느냐?"라는 내용이었다. 그 자리에는 현대사상을 추구하는 목사 두 분도 참석했었는데 그들의 교회는 텅 비어 있었다. 그들이 말씀에 도전을 받고 교회가 뜨겁게 부흥되어 갔다.

제11장 북아메리카에서의 전도 **93**

이렇게 로이드 존스 목사의 사역의 범위는 점점 확장되어져 갔다. 1932년 6월 9일 아침에 런던 워털루 역의 승강대에서 간단한 찬송 파티가 있었다. 로이드 존스 목사 부부와 딸 엘리자베스가 처음으로 대서양을 횡단하려는 것이었다. 그곳에는 가족들 외에도 카딩건 주의 국회의원인 에반스(D. O. Evans)와 최근에 아주 가까워진 친구 엘리세우스 호웰즈도 있었다. 로이드 존스 목사의 목적지는 캐나다의 토론토인데 리차드 로버츠 박사의 초청으로 쉘부른(Sherbourn) 가에 있는 연합장로교회에서 9주 동안 설교하기로 되어 있었다. 로버츠는 웨일즈 출신의 나이든 목사로서 런던의 칼빈파 감리교회를 담임했다가 지금은 토론토에서 시무하고 있었다. 그는 웨일즈에서 크게 감화를 끼치고 있는 젊은 설교자의 소식을 듣고, 쉘부른 교회에 방문해 주기를 원했던 것이다.

쉘부른 가의 교회에서 첫째와 둘째 주일에는 교인의 반 정도 참석하였고, 둘째 주일 저녁에는 방송설교를 하였기 때문에 그 결과로 주간에는 예배당을 가득 메웠다. 방송설교의 결과는 그것만이 아니었다. 로이드 존스 목사는 토론토에 오기 전에 그 도시의 정통설교가인 야비스 침례교회의 실드스(T. T. Shieds) 박사를 알고 있었다. 실드스의 『복음증거』(The Gospel Witness)는 로이드 존스 목사가 사는 웨일즈에서도 잘 알려져 있었다. 실드스 박사는 모든 교파에 대한 강력한 탄핵자였으며, 그의 신학은 로이드 존스 목사와 비슷하였다. 둘 다 칼빈주의자들이었다. 그러나 실드스의 목회 가운데에는 로이드 존스 목사가 공감할 수 없는 중요한 문제가 있었다. 그는 침례교 지도자로서 너무 논쟁적이고, 비판적이었다.

방송설교를 한 다음 날 아침에 로이드 존스 목사 가족이 식사를 할 때, 실드스 박사에게서 전화가 걸려왔다. 그의 전화는 로이드 존스 목사가 자신(실드스)을 위해 설교하러 왔느냐고 물었다. 그리고 계속해서 설명하였다. "당신은 놀라운 사건을 아시나요? 나의 아내가 지난 금요일 저녁에 죽었소. 그것 때문에 어제는 내가 설교를 하지 못했소. 그런데 라디오를 듣는 가운데 바로 복음을 발견하였오. 확실히 당신은 나를 위해 이곳에 온 것이오." 그리고 실드스 목사와 로이드 존스 목사는 다음 날 점심을 함께 하기로 약속하였다.

로이드 존스 목사는 그 문제를 가지고 베단과 함께 기도를 하였다. 그리고 그는 확신하였다. 기회가 된다면 실드스 목사의 독단적인 태도를 지적해 주고 싶었다. 로이드 존스 목사가 그때 일을 말한다.

실드스 목사와 나는 점심식사를 같이 하였습니다. 그리고 정원에 앉아서 일상적인 대화를 나누었지요. 커피를 마시면서 그가 갑자기 나에게 물었습니다. '조셉 파커(Joseph Parker)의 책을 좋아합니까?' 저는 '아니요'라고 대답했습니다. '왜지요?' '그에게서 아무것도 얻지 못했습니다.' 그가 다시 말했습니다. '무슨 특별한 내용이라도 있었습니까?' '글쎄요, 너무 개방적인 것 같았고, 특히 영적인 도움을 얻지 못했습니다.' '확실히 당신은 자유주의를 경멸하는군요?' '아니오, 그렇지 않습니다'라고 저는 대답하였습니다. 다시 실드스 목사가 말했습니다. '나는 매주일 아침에 조셉 파커를 읽었는데, 그는 나를 긴장시켰오.' 저는 실드스 목사에게 솔직하게 말할 때가 왔다고 생각하였습니다. 그는 매우 능력 있는 사람이었고, 제가 지적하는 문제에 대해 열띤 대화가 오고 갔습니다.

실드스 목사는 나에게 다른 논쟁을 가져왔지요. 그가 말했습니다. '자, 당신은 의사이고, 지금 암환자 앞에 있습니다. 만약 그

암이 제거되지 않는다면, 그 환자를 죽이는 것이죠. 당신은 수술을 원치 않아도, 당신은 수술을 해야만 하는데 그것이 환자의 생명을 구하는 것이기 때문이오. 바로 그것이 내 입장이오. 나는 비판 같은 것을 하고 싶지 않지만, 암적인 요소가 있고, 그것이 제거되어야만 할 때 당신은 어떻게 하겠소?' 저는 대답했습니다. '저는 이렇게 생각합니다. 제가 의사라 할지라도, 의사 정신이 있는 것입니다. 수술을 해야 할 경우라도, 의사가 곧바로 수술을 하는 것은 금물입니다. 다른 의사의 참고 의견을 듣지 않고 거행하는 수술은 위험한 것입니다.'

실드스 목사는 일어나 정원을 걸었습니다. 그리고 돌아와 다시 대화를 시작했습니다. '이것은 어떻게 생각하오? 갈라디아서 2장에서 바울이 베드로를 정면에서 나무랐지요. 물론 그는 그렇게 하고 싶지 않았습니다. 베드로는 사도이며, 하나의 지도자였기 때문이오. 그러나 바울이 용기를 냈던 것은 진리를 위해서는 그렇게 해야만 했던 것이지요. 여기에 대해 어떻게 생각하고 있소?' 저는 이렇게 대답하였습니다. '그 결과가 중요합니다. 바울은 베드로를 자기 편으로 끌어들였고, 베드로에게 '나의 사랑하는 형제 바울'이라고 부르도록 만들었습니다. 당신은 당신을 공격하는 사람들에게 그렇게 하였습니까?'

그 논쟁이 끝난 후에 저는 결정적인 말을 하였습니다. '실드스 박사님! 당신은 캐나다에서 널리 알려졌습니다. 그리고 지적인 면에서, 또한 설교에서 그리고 다른 모든 면에서 뛰어나신 분이십니다. 그러나 맥마스터대학교(McMaster University)의 교수 임명 때 자유주의자들의 반대로 임용이 성취되지 못한 이후에 갑자기 변하여 부정적이고 비판적이 되셨습니다. 제 생각에는 바로 그 점이 당신의 목회를 몰락시키는 것 같습니다. 왜 예전으로 돌아가시지 못하십니까? 모든 것을 털어 버리고 사람들에게 긍정적

으로 복음을 설교하셔서 그들을 이겨내시기 바랍니다!'

그들이 돌아오는 도중의 차 안에서도 로이드 존스 목사의 간청은 계속되었다. 그러자 59세의 실드스 목사의 눈에는 눈물이 고이면서 긴 고백을 하였다. "이제까지 내가 사는 동안 이런 경우는 처음이오. 당신에게 감사하오. 당신은 나를 깊이 감동시켰오. 부탁이 있소. 내일 저녁에 모임을 소집할테니까 오늘 있었던 일을 그들에게 말해주시오. 그들과 모두 화해의 악수를 해야겠오." 그 모임은 은혜스럽게 끝났고, 두 사람의 관계도 더 깊어졌으며, 특히 로이드 존스 목사가 깨달은 사실은, 훌륭한 정통파 목사도 잘못된 방법에 의하여 오염될 수 있다는 것이었다.

토론토의 9주간의 생활이 마무리될 때쯤 해서 더 큰 일이 기다리고 있었는데, 그것은 쇼타우콰 학원(Chautaupua Institution)에서 설교를 해달라는 부탁이었다. 또한 그것은 로이든 존스 목사가 미국에 첫 방문하는 계기가 되기도 하였다. 6월 6일에서 8월 28일까지 많은 다른 강사들과 더불어 열린 커다란 여름 수련회로서 59회째였다. 쇼타우콰 수련회는 감리교 감독 빈센트(Vincent) 목사에 의해서 시작되었다. 근본 취지는 주일학교 교사들을 도와주는 것으로서 그 이상은 철저하게 성경적이고 복음적이었다. 그러나 세월이 흐르면서 많이 변해서, 가장 중요한 시간에 문학이나, 역사, 정치학, 혹은 연극이나 음악회 등이 거행되곤 하였다. 그 해의 주강사는 프랭클린 루즈벨트 여사와 불가지론자로 유명한 런던의 줄리안 헉슬리 교수였다.

쇼타우콰 수련회에는 매일 아침 9시 45분에 '헌신의 시간'이 있었다. 매주 전혀 알지도 못한 채 준비 위원회에서 일방적으로 결정을 하

제11장 북아메리카에서의 전도

였다. 그래서 순서지에 로이드 존스 목사 이름만 있었지 날짜와 제목 등은 실리지 않았다.

로이드 존스 목사는 6월 11일 쉘부른 교회에서 모든 순서를 마친 후 4시 순서인 '목사와의 대화'라는 시간에 참석하였는데, 약 30명 정도 회중이 참석하였다. 같은 날 저녁에는 복음주의 신앙을 비판하는 침례교 신학 교수와 열띤 논쟁을 하였다. 그가 잠자리에 들 때는 지치고 쓸쓸했다. 그 교수 앞에서 약한 모습을 보인 것이 더욱 그렇게 만들었다. 그러나 침대 옆에서 무릎을 꿇고 기도를 하는 순간에 우리 인간은 하나님께 말할 수 있을 뿐만 아니라, 하나님께서 우리 인간에게 말할 수 있다는 것을 깨달았다. 실제로 들을 수 있는 소리는 아니지만 하나님께서 고린도에서 바울에게 주셨던 말씀을 자기에게도 주셨다고 믿었다. "두려워 하지 말며…내가 너와 함께 있으매…이 성 중에 내 백성이 많음이라"(행 18:9-10). 그 체험은 로이드 존스 목사에게 큰 용기를 주었다. 다음날 아침 그는 특별한 자유함과 능력으로 설교하였다. 약 150명 정도가 참석하였다. 그 중에 나이든 신자가 찾아와 물었다. "어디서 오셨습니까?" "토론토에서요." "아, 그게 아니고, 어디서 오셨습니까?" "영국 웨일즈에서요." "아니요, 제가 말씀드릴게요. 당신은 하나님께서 하늘나라로부터 여기에 보내셨습니다." 그 노인은 여러 해 동안 같은 수련회에 참석했던 이야기를 들려주었다. 그 동안 복음을 잃어버리고 세속화되어 가고 있었는데 웨일즈 목사의 방문은 자신의 기도 응답이라고 확신하였다고 한다. 로이드 존스 목사는 금요일 아침 마지막 순서를 거대한 음악회장으로 장소를 옮겼다. 좌석이 6,000석이었는데, 그곳이 가득 메워졌던 것이다.

로이드 존스 목사는 북아메리카에서의 영적 체험으로 힘을 얻었지만 그의 생각과 마음은 영국의 영적 각성과 필요에 더 집착되었다. 특히 자기의 머리가 갑작스러운 사람들의 인기로 돌아버릴 수 있다는 위험도 알았다. 그러한 위험으로부터 해방되기 위해서 부흥 운동에 대한 역사책을 읽었다. 또 아이작 왓츠의 간증을 받아들였다.

>나의 하나님
>내가 단 한 번만 하나님을 본다면
>이 세상의 나라들과 사람들은 금방 사라질 것이니이다.
>나는 그것들의 사라지는 것을 보지 못한다 할지라도
>반짝이는 촛불이 정오에 무색해 지듯이
>하나님은 단 한 번만 보면 나라들과 사람들이 금방 사라질 것이니이다.

제12장

사도 바울의 신앙을 본받아

　로이드 존스 목사의 토론토 방문은 미국의 위대한 신학자 벤쟈민 워필드가 세상을 떠난 지 11년 되던 해에 이루어진 것이었다. 벤쟈민 워필드는 1921년 뉴저지 주의 프린스턴에서 죽었고, 그를 기념하여 뉴욕의 옥스포드대학 출판부(Oxford university press)에서 10권으로 된 워필드 저작집을 한정판으로 1927-1931년에 출간하였다. 워필드 박사와 구프린스턴 신학교는 많은 사람들에게 상징적인 존재였다.
　워필드 박사의 저작집에 관한 서평이 "주간영국"(The British Weekly)지에 실렸었는데, 그것은 로이드 존스 목사를 자극하였다. 그러나 실제로 로이드 존스 목사가 워필드 박사의 성경적인 입장을 발견하게 된 것은 1932년 1월 캐나다 방문 때였던 것이다. 그가 토론토에 머물 때 리차드 로버츠 목사는 로이드 존스 목사 가족의 숙소를 성조오지 가 74번지에 정해주었는데, 그곳은 바로 장로회 신학교육기관인 낙스신학교(Knox Seminary)의 맞은편에 있었다. 낙스신학교는 도서관이 유명하였고, 특히 방문객들에게도 쉽게 개방되어 있었다. 로이드 존스 목사는 많은 개혁주의 저자들 가운데에서, 성경에 깊이 뿌리를 박은 신학들을 보았다. 그리고 그는 이렇게 말했다. "진리에 관한 워필드 박사의 지식과 체험은 성령을 통하여 그리스도 안에 거하는 하나님의 지식이며 경험이었다. 그는 많은 학자들보다도 더 많은 하나님을 아는 지식과 그 지식에 대한 체험을 어찌나 놀랍게 가지고 있던지 구원의 경이로운 영광을 우리에게 주었다." 특히 워필드 박사는 로이드 존스 목사에게 교리의 필요성에 대한 새로운 안목을 주었던 것이다. 그는 그 열 권의 원본을 소유하고 있는 자랑스러운 소장자라는 뿌듯함을 느꼈다.

당시 웨일즈에는 두 종류의 운동이 일고 있었는데, 로이드 존스 목사는 두 운동 모두에 적대적이었다. 그 첫번째 운동은 '옥스포드 그룹 운동'(Oxford Group Movement)이었다. 그 운동은 후에 '도덕 재무장 운동'(Moral Rearmament)으로 더 잘 알려졌으며, 미국에서 건너온 루터교 목사인 프랭크 부크맨(Frank Buchman, 1878-1961)의 영향으로 더욱 활발해졌다. '옥스포드 그룹 운동'은 진리 속에서 기독교의 신앙을 회복하자는 것이 아니라 '그리스도인의 윤리'와 '그리스도인의 체험'을 통해서 신앙을 찾자는 것이다. 그 단체는 '성령'을 강조하며, 꿈이나 황홀경 같은 신비한 체험들을 중요시하였다. 1932년경, 그 단체의 영향이 극대화되자 로이드 존스 목사는 그 운동을 외롭게 저지하였다.

로이드 존스 목사가 확신하는 바는 진리가 먼저이지, 경험이 먼저가 아니라는 것이다. 가장 중요한 것은 그 운동은 주관적이고 경험적이며, 성경에서 이탈되었다는 것이다. 그래서 로이드 존스 목사는 토론토에서 돌아온 첫 주일에 논쟁을 하였다.

성령의 능력은 한정되어야 하며 성경을 통해서만 이해되어져야 한다. 그리고 황홀경이나 꿈 그리고 무아지경 같은 체험은 필요 없으며… 우리를 항상 거룩한 거울 앞에 비추어봐야 하는데, 성경이 바로 그 거룩한 거울인 것입니다.

로이드 존스 목사는 강단에서보다는 토론시간을 많이 만들어서 '옥스포드 그룹 운동'을 공격하였다. 1936년 "사우스 웨일즈 이브닝 포스트"(South Wales Evening)지에 클리다취(Clydach)의 장로 교회에서 있었던 그 운동에 관한 '신학논쟁'이 실렸는데, 로이드 존스 목사의 결정적인 성경원리 때문에 클리다취의 장로교 목사가 부크맨(Buchman)의 영향에서 벗어날 수 있었다는 것이다. 그리고 다른 사람들도 많이 돌아왔다.

로이드 존스 목사에게 닥쳐온 두번째의 논쟁 거리는, 칼 바르트(Karl Barth, 1886-1968)의 가르침에 관한 것이었다. 바르트는 자유주의에 반대하고, 초자연주의와 개혁신앙을 요구하였다. 그리고 그들 가운데에서 칼빈과 다른 개혁자들의 이름이 존경받는 듯하였다. 대서양의 양쪽에서 바르트를 칭찬하기 시작하였다. 그러나 정확무오한 성경을 의존하지 않은 '보편적인 신학'을 세우려는 스위스 신학자의 속셈을 주시하지 못하였던 것이다. 영국의 대학교들과 다른 곳에서 바르트를 지칭하여 '정통교'의 회복자이며 존 칼빈의 '진정한 해석자'라고 하며 경탄하였다.

로이드 존스 목사는 새로운 매력에 끌려가는 학생들을 구해주기 위하여 바르트와 에밀 브룬너(Emil Brunner)에 관한 저서를 읽기 시작하였다. 옥스포드 그룹 운동의 사람들과는 달리 바르트의 책들은 복잡하고, 그 내용이 방대하였다. 로이드 존스 목사는 그 책들 속에서 유익한 것은 찾지 못하였고, 그가 알아낸 사실은 개혁주의 신앙과는 배치되는 요소가 있다는 것이었다. 그래서 그는 목회자 모임 때마다 '왜 바르트주의는 정통 기독교가 아닌가' 라는 사실을 논증하였던 것이다. 로이드 존스 목사가 1934년 초에 리버풀(Liverpool)의 한 모임에 참석하였다. 그때 이미 로이드 존스 목사는 그 도시에서 복음주의 설교자로 알려져 있었다. 그는 리버풀의 채담가에 있는 칼빈파 감리교회에서 3일 저녁 동안 설교하였다. 젊은이들만 1,500명이 넘게 참석했었다. 그곳에서 바르트주의에 관한 그의 반대 설교이 끝난 후 바르트주의 찬양론자들 사이에 찬반의 논쟁이 일어났는데 정말 놀라울 정도였다. "우리 중 많은 사람들은 오랫동안 그와 같은 유사한 일을 보지 못했다"라고 "복음주의" 지에서도 보도하였다.

로이드 존스 목사가 목회자들 사이에서 영향력이 커져가는 반면에 학생들 사이에서는 그다지 관심을 끌지 못하였다. 그러던 중에 샌드필드에 30년대 초에 들어온 초교파 단체인 '중국 내지 선교회'(China Inland Mission)에서 설교하게 되었다(1934년 5월 8일). CIM의 회원들은 영적이고 깊이가 있었고, 성경에 충실한 외국 선교사에 대한 열정에 가득 차 있었다. CIM은 IVF(Inter-Varsity Fellowship, 1928년에 창립됨)와 밀접한 관계를 맺었었는데, IVF의 명예총무인 더글라스 존슨(Douglas Johnson) 박사도 그 모임에 참석하였다. 물론 로이드 존스 목사는 IVF와 관계가 없었다. 더글라스 존슨 박사는 근 20년 동안 킹스대학병원의 의과대학에 있었으며, 이미 바돌로매 병원에서의 로이드 존스 목사의 명성에 대해 잘 알고 있었다. 그러나 1927년 로이드 존스 목사가 웨일즈를 위해서 런던을 떠날 때, 더글라스와 그 의과대학 내의 복음주의자들은 로이드 존스 목사가 직업을 바꾸고 하나의 설교자로서 탈보트 항구로 떠나는 것을 이상하게 여겼었다. 그 후 로이드 존스 목사는 바돌로매 병원을 중심으로 일어난 '복음주의 연합운동'(Evangelical Union)과는 인연을 맺지 못하였던 것이고, 더우기 학생 복음주의 운동이 당시 유행한 비국교도의 '사회복음'(Social Gospel)에 의하여 선동되었기 때문에 로이드 존스 목사가 그들과 관계를 맺지 않았던 것이다.

이런 상황에서 CIM에서의 첫 설교는 중요한 의미를 가지고 있었다. 로이드 존스 목사는 로마서 1장 14절의 "헬라인이나 야만인이나 지혜 있는 자나 어리석은 자에게 다 내가 빚진 자라"를 본문으로 하여 설교하였다. CIM은 그 시대가 요구하는 것을 올바로 깨닫지 못하고 있었다. "모든 그리스도인은 빚진 자"라는 강한 설교는 런던 웨스트민스터 중앙회관에 모인 3천여 명을 크게 움직였다. 더글라스와 다른 의학 동료들도 로이드 존스 목사의 설교 후 그와 몇 마디를 나누었다. 그러나 로이드 존스 목사를 IVF에 정식으로 초청하는 문제는 즉각 결정하지 못하였다.

더글라스는 고민하던 중에, 그의 친구 멜빌 카퍼(W. Melville Capper) 박사에게서 편지를 받았다. 그는 바돌로매 병원의 동료였으며, 당시 브리스톨 일반병원에서 외과전문의로서 봉직하고 있었다. 그 편지는 카퍼 자신이 웨일즈에서 주일을 보냈던 일에 관한 것이었다.

> 주일에 옛 친구와 함께 아베라본을 갔었습니다. 그곳의 설교자는 나와 함께 같은 병원에서 근무했었습니다. 그 교회는 한참 부흥중이었습니다. 그의 이름은 마틴 로이드 존스인데, 그런 설교는 전에 들어본 적이 없는 훌륭한 것이었습니다. 그는 아침과 저녁

시간 모두 바울서신에 관하여 설교하였는데, 마치 사도 바울 자신이 말하는 것 같았습니다. 나는 이 시대의 사도 바울을 발견하였습니다.

멜빌 카퍼는 더글라스에게 로이드 존스 목사를 IVF의 정기 수련회 강사로 초청하자고 권유하였다. IVF 집행위원회에서 로이드 존스 목사를 강사로 채택하는 문제는 그렇게 쉽지 않았다. 더글라스는 로이드 존스 목사를 만나서 오히려 지적받은 문제들, 즉 IVF의 목적과 방법들과 전도의 전망에 관한 그의 날카로운 지적들, 그리고 성경의 절대권위를 내세우는 로이드 존스 목사의 복음주의를 칭찬하면서 다른 위원들을 설득시켰다. 드디어 심사숙고한 끝에 1935년 4월 9일(화요일)-15일(월요일)의 수련회에 로이드 존스 목사가 강사로 결정되었다. 그 수련회에 함께 수고하게 된 강사들은 테일러 스미스(J. Taylor Smith) 감독과 미국에서 온 로버트 윌더(R. P. Wilder) 박사를 포함한 IVF의 새 일꾼들이었다. "Inter-Varsity Magazine"은 그 수련회를 가리켜, "사랑이 넘치는 교제"였다고 하였으며, 로이드 존스 목사를 포함한 각 강사에 대해 좋은 평을 하였다. 그러나 로이드 존스 목사 자신은 만족스럽지 못하였다.

하지만 1935년은 로이드 존스 목사에게 잊을 수 없는 해이다. 그 해에 로이드 존스 목사는 많은 영적 각성운동을 일으켰던 것이다. 1935년 1월 1일에 카디프(Cardiff)에 있는 회중교회에서 "열 문둥병자"(눅 17:11-19)에 대해 설교하였을 때 2,000명 이상이 참석하여 교회를 메웠으며, 목회자들뿐 아니라 모든 성도들이 새로운 영적 분위기를 맛보았다.

또, 다니엘 로울란드의 2백 주년 기념을 위해 랑게이토에서 드린

예배에는 7,000명의 성도가 참여하였으며, 로이드 존스 목사는 사도행전 2장 38절의 "베드로가 가로되 너희가 회개하여 각각 예수 그리스도의 이름으로 세례를 받고 죄 사함을 얻으라 그리하면 성령을 선물로 받으리니"라는 본문을 가지고 설교하였다.

"웨스턴 메일"(Western Mail)지는 랑게이토의 집회를 가리켜서 1904년의 부흥 이래 서부 웨일즈에서 볼 수 있었던 가장 놀라운 예배였다고 하였다.

이런 사실에 대해 로이드 존스 목사 자신은 겸손하였다. "예수 그리스도와 그의 십자가에 못 박히신 것 외에는 아무것도 생각지 않습니다. 오직 저의 모든 일은 하나님의 주권에 달린 것입니다. 인간의 전적 타락과 전적 무능력, 하나님의 아들 예수 그리스도의 구속적인 죽음과 영광의 부활, 이것만이 인간 구원의 유일한 희망인 것입니다."

1935년의 로이드 존스 목사의 청중 가운데 기억할 사람은 캠벨 몰간(Campbell Morgan) 박사이다. 그는 미국에서 1932년에 아주 돌아왔는데, 그 이유는 웨스트민스터 예배당의 허버트 심프슨(Hubert L. Simpson) 박사가 건강이 나빠져서, 그의 목회조력자로서 온 것이었다. 72세의 원로인 캠벨 몰간 목사는 1935년 첫번째 화요일에 알버트 회관에서 로이드 존스 목사의 설교를 들었다. 그는 매우 감격하여 외쳤다. "로이드 존스 목사 외에 아무도 이런 밤을 주지 못하였다." 그 즉시 캠벨 몰간 목사는 12월 마지막 주일에 웨스트민스터 예배당에서 설교해 줄 것을 로이드 존스 목사에게 편지하였다. 그래서 로이드 존스 목사는 1935년 12월 29일에 웨스트민스터 교회의 큰 예배당에 처음으로 서게 되었던 것이다.

아침설교는 요한복음서 6장 66절-68절, "너희도 가려느냐?"였고,

저녁설교는 마태복음 7장 13-14절, "복음의 좁은 길"이었다. 두 설교는 모두 다 복음적이며, 감동적이었다. 특히 하나님의 심판을 위해 준비되었느냐는 질문은 회중들에게 큰 자극을 주었다. 로이드 존스 목사는 잉글랜드의 청중들을 두려워했었는데, 그의 설교는 매우 성공적이었다. 그에게 보낸 한 편지가 그것을 증명해 주었다.

얼굴도 모르는 사람이 이렇게 편지를 드려서 죄송합니다. 지난 12월 마지막 주일에 목사님의 설교를 웨스트민스터 예배당에서 들었습니다. 저는 몰간 박사의 성경학교의 회원으로서 교회는 빠지지 않았지요. 그날 저는 목사님의 진지한 설교를 듣고, 목사님을 우리 교회에 모실 수만 있어도 좋겠다고 생각했습니다. 저는 그날 밤 목사님의 설교를 결코 잊을 수 없어요. 저는 지금 67세의 할머니이지만, 영국 교회들이 부흥 운동이 일어나야 한다는 절박감을 느끼고 있을 뿐 아니라, 그날이 오기를 진지하게 기도드리고 있습니다.

그러한 편지들은 로이드 존스 목사에게 미래를 준비토록 하였으며, 더 큰 목회사역을 위한 도전이 되었다.

제 13 장

아베라본에서의 사역을 마치고

　1936년 11월, "복음주의"지는 로이드 존스 목사가 조만간 미국으로 다시 갈 것 같다고 보도하였다. 그 보도는 사실이었다. 미국 장로교의 전도부장인 윌리암 클라인(William Klein) 박사가 1937년 5월 25-26일에 있을 전도집회를 위하여 그를 초청한 것이다. 그 집회는 오하이오 주 콜롬부스에서 미국 장로교회 제149회 총회로 모이는 것이었다. 아마도 미국 장로교 내의 복음주의자들이 위험한 중대국면에 처해 있다는 사실이 로이드 존스 목사로 하여금 그들의 초대에 응하게 하였던 것 같다.

　10년 전 장로교회 그 교단은 자유주의자들과의 논쟁에서 크게 패배하였다. 그 흐름은 계속해서 성경주의자들을 공격했으며, 1936년 총회에서는 자유주의의 타도의 선봉자였던 그레샴 메이첸(J. Gresham Machen) 박사의 목회생활을 정지시키고 제명했던 것이다. 메이첸 박사는 그 후 7개월 후에 세상을 떠났다. 메이첸 박사를 따르던 사람들 가운데 얼마는 그 교단을 떠났고 또 얼마는 남아서 계속 투쟁하였다. 그러므로 로이드 존스 목사의 위치는 참으로 중요한 것이었다.

드디어 1937년 5월 로이드 존스 목사는 두번째로 대서양을 건너게 되었다. 그때에 둘째 딸 앤(Ann)이 태어났기 때문에 베단 로이드 존스는 집에 남아 있어야 했다. 그가 뉴욕에 도착한 후의 첫 목회지는 피츠버그였다. 거기에는 이번 신앙동맹대회(League of Faith)의 대회장인 클라렌스 매카트니(Clarence E. Macartney) 박사가 시무하는 제일장로교회가 있었다. 매카트니는 1936년 메이첸 박사를 제명시키는 의견에 반대하였으며, 이번 신앙동맹대회를 조직하여 보수주의자들의 단합을 강조하는 인물이었다. 로이드 존스 목사는 주일 오후에 매카트니의 제일장로교회에서 설교를 하고서 다음날 월요일에 대회장으로 매카트니와 출발하였다. 로이드 존스 목사에게 4회의 설교와 세미나가 주어졌다. 세미나의 주제는 "최근의 흐름"이었는데, 첫 시간은 "현대신앙의 연구와 분석"이었고, 둘째 시간은 "자유주의 물결을 어떻게 대처할까?"였다. 모든 강의시간을 마치고 난 로이드 존스 목사는 매우 놀랐다. 보수주의 장로교인들이라고 다 강한 교리설교와 체험적 칼빈주의가 아니라는 사실이다. 6월 3일 "장로교"(The Presbyterian) 신문에 총회에 대해서 이렇게 보도하였다.

> 마틴 로이드 존스 박사는 총회 진행중에 초석(key note)의 역할을 하였다. 그의 역할은 대단한 것이었다. 그는 자유주의자들의 도전을 꺾고, 기독교의 진리를 바로 선포하였다. 특별한 사람들의 회개를 촉구한 나머지 불편한 심기를 보인 사람도 있었다.

그 총회가 끝난 후 즉시 로이드 존스는 데이톤(Dayton)을 향해 떠났다. 그는 유니카, 스크랜톤 그리고 필라델피아에도 방문할 계획이 있었다. 로이드 존스 목사가 모든 집회를 마치고 돌아왔을 때, 캠벨 몰간 박사에게서 두 통의 편지가 왔다. 그리고 웨스트민스터 교회의 서기인 아더 마쉬(Arthur E. Marsh) 장로로부터 14장이나 되는 편지가 왔다. 그 편지 내용은 캠벨 몰간 박사가 예전처럼 매주 두 번 예배를 인도하고 금요일 저녁 성경공부도 계속할텐데, 몇 달 동안 로이드 존스 목사가 그를 도와 일해 주었으면 하는 내용이었다. 9월 첫 주일부터 시작하길 원하며 모든 성도들이 희망을 가지고 기대에 부풀어 있다는 것이었다.

드디어 로이드 존스 목사가 아베라본을 떠날 시간이 다가온 것이다. "할레이 가 의사, 현대의 성자가 되다"라고 실은 영국 국립신문의 보도는 그 분위기를 잘 나타내 주고 있다.

> 로이드 존스 목사는 11년간 아베라본에서 목회를 하면서 성자의 생활을 쌓아갔다. 그는 아베라본에 거하는 수백 명의 가난한 자들에게 그들이 성도이든지 아니든지 모든 사람들에게 따뜻한 사랑을 베풀어주었다. 지난 11년간의 그의 선행은 수천 가지에 다다른다. 돈이 필요한 사람들에게는 돈을 나누어주고, 심지어 집세가 밀린 사람들까지도 해결하여 주었다. 그래서 아베라본의 사람들은 로이드 존스 목사가 다시 자기들에게 돌아오기를 기도하고 있다. 로이드 존스 목사의 목회생활은 그가 섬기고 있는 성도들과 사랑의 띠로 하나가 된 생활이었다.

샌드필드는 많은 사람들에게 앞으로 올 천국의 영광을 체험하게 만든 영적 고향이었지만 마틴과 베단은 6월 말에 마지막 짐을 꾸려 런던의 빈센트 스퀘어로 이사하였다. 그리고 얼마 안 되서 리스(E. T. Ress)에게 편지를 하였다.

> 당신은 제가 지난날 샌드필드에서 생활할 때에 나에게 가장 큰 활력을 불어넣어 준 사람이었습니다. 참으로 아베라본을 떠난다는 사실은 너무나 힘들었습니다. 그 동안 당신으로부터 받은 넘치는 사랑에 무어라 감사의 말을 해야 할지 모르겠군요. 앞으로 어떠한 일이 닥칠지 확실히 모르지만 아마도 그곳에서의 생활보다는 행복하지 못할 것입니다. 모든 사랑하는 분들을 언제나 마음속 깊숙이 기억하겠습니다. 하나님의 축복이 당신과 사모님, 린다와 로저에게 함께 하시기를 기원합니다.

로이드 존스 목사가 런던으로 떠나지 말라고 남웨일즈 연합회에서 종용하였다. 그러나 로이드 존스는 네 가지 이유를 밝히고 떠날 준비를 하였다.

1. 나는 샌드필드에로의 소명을 받아 왔으며, 와서 해야할 모든 일을 끝마쳤다고 느낀다.
2. 나는 웨일즈의 다른 교회에서 더 이상 사역을 할 수 없고 내가 최근까지 해온 바 여행을 하면서 설교를 하는 일을 더 이상 해낼 수 없다.
3. 나는 시간과 노력을 어떤 방식으로든지 집중시킴으로써 목회사역에서 나의 목적을 최선으로 달성할 수 있다고 느낀다.
4. 웨스트민스터 교회에서 온 청빙을 숙고하고 있는 것은 그 교회가 복음적인 설교의 중심지가 될 수 있다고 믿기 때문이다.

로이드 존스 목사는 웨스트민스터 교회에서 1938년 9월 첫 예배를 드렸다. 그 관련기사가 "웨스턴 일간지"에 전면 보도되었다.

2,000명이나 되는 성도들이 일찍 와서 진지하게 기다렸다. 로이드 존스 박사는 캠벨 몰간 박사와 같이 강단에 올라섰는데 평범한 검정 옷을 입고 있었다. '만세반석', '시편 23편' 찬송을 부른 후 캠벨 몰간은 로이드 존스 목사를 소개하였다. 하나님의 은혜로 앞으로 얼마간 자기의 목회사역을 도울 것이라고 하였다.

로이드 존스 목사는 '회개'에 관한 내용을 40분 정도 설교했다. 노트도 없이 대화조로 시작하였다. 그는 거기서 그리스도인의 생활원리를 제시하였다. 분위기는 점점 더 강하고 장엄하여져 갔다. 그의 설교는 버킹검 지역에서 들어왔던 설교들 가운데 가장 뛰어난 것이었다.

제 14 장

런던 웨스트민스터 교회 부임

캠벨 몰간 박사가 76세가 되는 날 로이드 존스 목사에게 제시하였던 것은 6개월만 자기를 도와 달라는 것이었다. 그래서 당시 그는 웨스트민스터에서 영구히 정착하는 문제가 해결되지 않은 상태였다. 그런데도 불구하고 그는 이스트부른, 일포드, 웰링브르그, 윌스덴 그린, 웨일즈의 뉴캐슬 엠린, 니드, 라넬리 그리고 펜코드를 다니며 설교하였다. 그리고 10월에는 뉴캐슬의 정기 집회와 자유교회협의회의 3일간 집회에 주강사를 맡았다. 그 모임에는 많은 성도들, 특히 감리교인들이 많이 모였다.

그리고 11월에는 글래스고우에서 기독교 저널리스트로 유명한 갬미(Gammie)의 초청으로 3일간 집회를 가졌다. 갬미는 로이드 존스 목사에게서 '개혁의 형태와 신학의 요인들'에 대해서 듣고 싶어했다. 그리고 개인적으로는 새로운 종교생활상(像)을 기대한다고 하였다.

글래스고우 집회 후에 로이드 존스 목사는 에딘버러 레이드 회중교회에서 설교를 하고 주말을 보냈다. 그 교회의 성도 가운데 에딘버러 종교위원회의 지도자가 한 명 있었다. 그는 로이드 존스 목사에게 돌아오는 봄에 그 도시에서 가장 큰 어셔 홀(Usher Hall)에서 1주일간 전도집회를 갖자고 간청하였다. 로이드 존스 목사는 그것을 승낙하였다. 1939년 4월 23일에 그 전도집회는 시작되었다. 그때는 이미 로이드 존스 목사가 웨스트민스터에서 영구히 정착하기로 발표되던 때였다. 에딘버러 신문은 그 큰 어셔 홀이 가득 찬 집회 소식을 보도하였다. "그의 설교는 오랜 동안 에딘버러에서 들었던 것보다 무게가 있고 지적이면서도 영적이었다."

이러는 가운데 로이드 존스 목사에게는 새로운 문제가 생겼다. 그것은 다름이 아닌 초교파운동들이었다. 그 운동들은 어느 교회의 통제도 받지 않는 초교파적인 운동이다. 그것은 각 기구마다 조직이 되어 있고 도시마다 각각 책임자가 있다. 그런데 그들의 대다수가 로이드 존스 목사를 강사로 초청했다. 이에 그곳 IVF와 소년 소녀 십자군 연합의 지도자 모임에서 다음과 같이 말했다.

  저는 여러분들의 조직의 필요성을 성경에서 찾아내려고 노력해 왔습니다. 하지만 당신들은 신약에는 근거하지 않고 구약에만 근거하였는데 그것도 사사기 17장 6절에서만 말입니다. '그때에는 이스라엘에 왕이 없으므로 사람마다 자기 소견에 옳은 대로 행하였더라.'

그러나 더글라스 존슨 박사의 끈질긴 권유 때문에 로이드 존스 목사는 IVF와의 관계를 재고해 보기로 하였다. IVF와는 1935년 스웨뉴크(Swanwick) 대회 이후에는 거의 접촉이 없었다. 로이드 존스 목사는 영국 복음주의가 교리에 약한 것을 인식하면서, IVF가 성경을 하나님의 정확무오한 말씀으로 믿도록 노력을 다하였다.

　로이드 존스 목사에게 인상적이었던 것은 1935년 이래로 IVF가 국제적인 조직으로 세력이 확장된 것이다. 특별히 스코틀랜드와 홀란드에서는 막강하였다. 스코틀랜드 자유교회의 도날드 맥클린(Donald Maclean) 교수는 IVF가 홀란드 내의 학생 칼빈주의 운동과 같은 새로운 형태로서 지대한 공헌을 하고 있다고 말했다. 그때 로이드 존스 목사는 IVF는 하나님 중심 신앙이 회복되고, 더 강하게 더 넓게 확산될 것이라고 내다보았다. 그런 이유로 해서 로이드 존스 목사는 런던대학교의 대강당에서 열리는 IVF 정기집회에서 설교하기로 작정하였다. 그때의 상황은 전쟁의 조짐 때문에 불안하였다. 각 교회들은 '방독면 주일'을 정하고 모든 성도들에게 방독면을 착용하도록 경고하였는데, 바로 그 주일에 IVF 정기집회가 네빌 챔버레인에서 시작되었다. 또 그날은 수상이 히틀러와 대담하고 뮈니히에서 돌아온 날이기도 하였다. 런던 시내는 온통 평화의 갈구로 가득 찼다. 그 후 4개월이 지난 후에도 분위기는 여전하였다. 로이드 존스 목사는 1939년 1월 2일에 '신년 연합집회'에서 설교하였는데 그 집회는 세계복음연맹의 범국가적인 기도회였다. 거기서 로이드 존스 목사는 1939년은 1938년보다 평온할 것이라고 말하였다. 그리고 모든 사람들도 그러기를 기도하였다.

　그때 웨스트민스터 교회는 몰간 목사와 그의 협력자 로이드 존스 목사가 격주로 번갈아 강단을 지켰다. 몰간과 로이드 존스 목사는 서로 너무도 달랐다. 그러나 그것이 오히려 그들을 서로 잘 조화되도록 하였다. 공교롭게도 몰간은 카디프의 로드 가에서 어린 시절을 보냈지만 태어난 곳은 잉글랜드였고 성격이나 외모도 역시 그쪽이었다. 몰간은 복음적으로 성경에 충실하였지만 교리에는 정확치 못하였다. 몰간은 로이드 존스 목사의 설교를 칭찬하였다. 그 이유는 자신이 항상 참 설교의 본질로서 진리성, 명확성 그리고 열정 등 세 가지를 말해 왔는데, 바로 로이드 존스 목사가 그 세 가지 조건을 다 갖추었다는 것이다.

몰간 목사는 설교를 대체로 성경구절을 설명하고 그 의미를 해석하는 방식으로 하였다. 특히 어휘해석은 몰간 목사 설교의 주요 관심사였다. 그러나 로이드 존스 목사는 구체적인 교리와 교리의 생활화에 대해 설교하였다. 웨스트민스터 교회의 젊은 교인인 게오프리 토마스(Geoffrey T. Thomas)는 두 사람의 차이점을 말하였다. 로이드 존스 목사가 웨스트민스터 교회에서 첫번째 부임 설교를 한 것은 토마스가 14세 때였다. 그때 몰간 목사는 회중들에게 로이드 존스 목사의 설교가 생명력이 있다고 하였다. 토마스의 말을 들어보자.

연약한 모습, 창백한 얼굴, 금욕주의적인 외모는 인상적이었다. 로이드 존스 목사는 검은색 가운을 입었지만 학자와 같은 티는 없었다 … 나는 그렇게 강하고 신중하며 진지한 설교는 들어보지 못하였다 … 캠벨 몰간 박사와 로이드 존스 박사는 서로 좋은 동역자가 되었다. 그러나 서로 개성이 뚜렷하다. 몰간은 해석이나 주해에 치중한 설교를 하였고, 로이드 존스는 교리적이면서 그것을 생명력 있게 적용시켰다. 그들은 각자의 설교 형태가 전혀 다름에도 불구하고 서로를 칭찬하며 존경하였다. 몰간의 언어는 간단하고 미(美)적이었다. 이에 반해서 로이드 존스는 그 언어가 광범위하였으며, 그 언어들이 주는 말씀의 은사에도 불구하고 그 언어 자체에 대해서는 무관심한 듯하였다. 로이드 존스 목사가 문학적인 형태의 설교에 흥미가 없었던 것은 사실이다. 몰간은 "웨스트민스터 레코드"(Westminster Record)지에 제공하기 위해 설교노트를 준비하였지만 로이드 존스는 노트가 없었고, 또 설교에 제목도 별로 붙이지 않았다.

로이드 존스 목사가 메리레본 교회의 청빙을 사양하고 고향의 바라 대학 학장직을 거절하고 웨스트민스터 청빙을 받아들인 것이 1939년 4월 23일 주일 캠벨 몰간 목사에 의해 공포되었다.

저는 로이드 존스 목사가 매우 어려운 결심을 하였다고 생각합니다. 그는 지금 우리의 청빙을 받아들였습니다. 그리고 보조 목회자가 아니라 협력 목회자가 된 것입니다. 그는 교회를 돌보는 일에 저와 완전하게 동등한 위치에서 일하게 된 것입니다. 설교를 하는 면에서 특별히 그러합니다. 제 개인적인 관점에서 그가 우리의 제안을 받아들인 것이 매우 만족스럽습니다. 이 교회는 정말 여러 해 동안 성경적인 설교를 위해서 있어 왔습니다. 이 강단은 우리 나라의 대표적인 강단이 되었습니다. 세계에 영향을 미치는 국제적인 강단이 된 것입니다.

드디어 로이드 존스의 목회는 더욱 관심을 끌었다. 1939년 4월 24일 "이브닝 스탠더드"(Evening Standard) 지에 "할레이 가 의사, 수천 명의 교인을 만들다." 다음날 "피플"(The People)지에는 "부와 명예를 버린 가난한 목사"라고 보도하였다. 기자가 개인적인 질문으로 왜 설교를 위해 의학을 포기했느냐고 물었을 때, 로이드 존스는 대답했다. "왜냐하면 나는 그들의 질병보다는, 사람들의 영혼에 관심이

제14장 런던 웨스트민스터 교회 부임 *117*

있기 때문이지요." 그 기자는 계속 보도하였다.

　그 예배는 간단하면서도 경건하였으며, 성가대도 없고 오직 로이드 존스 목사 설교뿐이었다. 하지만 사람들은 그 강단에서 그리고 그의 눈빛 속에서 신비한 능력을 발견하게 되었다. 그는 거의 몸짓을 하지 않았으며, 자신의 세계 속으로 성도들을 끌고 갔다. 성경은 일반서적을 읽듯이 평범하게 읽었지만 그의 설교는 하나님께서 우리의 피난처와 우리의 능력 그리고 우리의 도움이라는 사실을 깨우쳐 주었다. 그러므로 이제는 세상이 바뀐다 해도 우리는 두려워하지 않을 것이다.

　1939년 5월 런던에서 잉글랜드와 웨일즈 연합운동 대회가 있었다. 거기에서 로이드 존스 목사가 맡은 시간은 5월11일에 있을 식민지 선교단체(Colonial Missionary Society, CMS)에서의 설교였다.
　18세기 후반부터 선교에 관한 설교는 비국교도들의 주된 관심거리였다. 그 동안 윌리암 제이, 마태 윌크스, 존 안젤 제임스, 스펄전 등 다른 많은 설교자들이 선교사 헌신을 권면하는 설교를 많이 하였었다. 그러나 로이드 존스 목사는 그날 분위기와는 달리, 고린도전서 9장 22절의 "여러 사람에게 내가 여러 모양이 된 것은 아무쪼록 몇몇 사람들을 구원코자 함이니"라는 말씀을 가지고 설교했다. 그는 기독교는 독특한 메시지와 객관성을 가져야 한다고 하였다.

　선교의 목적은 무엇입니까? 선교의 목적은 사람들을 얻는 것이며, 사람들을 구원하는 것입니다. 사도 바울은 대륙과 바다를 건너 밤낮으로 여행하며, 휴식도 없이 오직 '그 목적' 하나만을 위하여 땀을 흘렸던 것입니다. 사람들은 하나님에게서 떠나 죄와 어둠의 자식들이 되었습니다. 더우기 하나님께 반항함으로써 저 주와 진노 아래에 있게 된 것입니다. 그들은 깨우쳐야 되며, 그들은 경고를 받아야 합니다. 더 중요한 것은 그들이 살아날 수 있는 길은 바로 예수 그리스도와 그의 십자가의 죽으심 속에 있다는 사실을 깨닫는 것입니다. 여기 하나님으로부터 온 메시지가 있습니다. 그것은 그리스도 안에서 사함받고, 새 삶을 얻을 수 있는 복음입니다. 사람들은 사단의 지배로부터 구해져서 하나님의 나라로 옮겨져야만 하는 것입니다.

로이드 존스 목사는 사람들이 자신이 식민지 선교 단체에서 한 설교를 어떻게 받아들이는가에 대해서는 상관하지 않았다. "크리스쳔 월드"(Christian World)지는 2주일 후에 그의 설교를 전면 게재하고 평을 하였다.

로이드 존스 박사는 실질적이고 효과적인 선교를 정립시켰다. 그는 선교의 객관성, 선교의 방법, 선교의 열정 등 3대지로 설교했다. 그는 그 설교를 통해서 청중들에게 평상시에 체험할 수 없는 선교를 하였던 것이다.

1939년 여름, 로이드 존스 목사는 피로가 겹쳤다. 하더 경은 그에게 건강에 주의하라고 일렀다. 그러나 여름 휴가를 가기 전까지도 집회에 강사로 참석하였다. 그 집회는 6월 27일~7월 3일 동안 캠브리지에서 IVF가 주최한 국제 학생복음주의 대회였다. 그 해에 그는 IVF의 대표로 선출되었고, IVF는 국제대회를 유럽에서 세 차례나 개최하였다. 영국을 중심으로 발전하여 중국, 일본, 인도 그리고 아프리카에서 200여 명의 사절단들이 찾아왔다. 강사진은 노르웨이의 할레스비, 에딘버러 뉴칼리지의 다니엘 라몬트, 그랜드 래피즈의 클러렌스 바우나 그리고 홀란드의 그로쉐드 목사 등이었다. 모두 21개국에서 학생들이 모여들었는데, 로이드 존스 목사는 그들에게 세 번 설교하였다. 첫번째는 호세아서 14장 2절에 근거하였고, 두번째는 고린도전서 1장 30절, 세번째는 전도설교였다.

캠브리지 대회는 로이드 존스 목사와 국제학생들과의 첫 만남이었다. 참석자들은 젊은이들로서 각 나라의 지도자들이며, 그중 대부분은 이미 그리스도의 복음을 위해 헌신하기로 서약하였으며, 그들 모두 더 깊은 삶을 찾고 나아가서 어려운 세계에 힘을 불어넣으려고 노력하는 자들이었다.

그 해 9월에 전쟁이 일어났고, 로이드 존스 목사는 39세였다. 그리고 그는 전쟁 중에도 강단에 올라가서 설교하였다. "우리가 여기는 영구한 도성이 없고 오직 장차 올 것을 찾느니라"(히 13:14).

제 15 장

독서생활

런던의 복음주의 도서관(Evangelical Library) 관장직은 로이드 존스 목사에게 1938년부터 그가 사망한 1981년까지 가장 중요한 사업이었다. 아마도 많은 사람들이 수년 동안 그것을 통해서 로이드 존스 목사를 만났을 것이다. 그는 복음주의 도서관을 세우는 사업을 너무도 사랑하였다. 또한 윌리암스(William) 씨와 세어어(Sayer) 씨와 함께 그 사업에 동역한 것을 매우 기뻐하였다. 그 도서관 서고에 가득 차 있는 기독교 서적들은 우리가 물려받은 큰 유산이며 보물인 것이다. 로이드 존스 목사가 왜 그렇게 열심을 내었었는가? 그것은 바로 그 작업이 '하나님의 큰 일'이라고 확신했기 때문이다.

로이드 존스 목사가 그 복음주의 도서관 사업에 관계한 것은 1938년 그레이트 포틀랜드 가에 있는 한 웨일즈 화학품 상점 주인인 게오프레이 윌리암스(Gwoffrey Williams) 씨의 제안으로 출발하였다. 그때부터 로이드 존스 목사는 책과는 더욱 끊을 수 없게 되었고, 누구보다도 책을 많이 읽었다.

　웨일즈에서의 일이다. 1930년대 중엽의 뜨거운 여름날이었다. 로이드 존스는 보오드(Borth)의 해변가에서 가족과 함께 해수욕을 즐기고 있었다. 아이들은 모래밭에서 놀고, 어른들은 일광욕을 즐기며 수영을 하였다. 로이드 존스 목사는 해변가 모퉁이의 바위에 기대어 있었다. 모자를 눌러쓰고 양말과 신발을 신고, 옷을 전부 입고, 뜨거운 햇빛 아래서 브룬너(Brunner)가 쓴 『거룩한 명령』(*Divine Imperative*)을 읽고 있었던 것이다. 일광욕을 하는 해변가에서까지도 책읽기를 좋아하였다. 그의 딸 엘리자베스가 그 해 여름 휴가 내내 부친 로이드 존스 목사가 책만 읽었다고 그때 일을 회고한다. 로이드 존스 목사는 분명히 위대한 독서광이었다. 독서는 그의 일과였고, 그의 즐거움이었으며, 그의 생애의 한 부분이었고, 이제는 그의 가족들에게도 생활화되었다.

　로이드 존스 목사의 독서하는 습관은 그가 자라날 때부터 몸에 배인 것이었다. 그의 부친 헨리는 교육을 잘 받은 사람은 아니었지만 자기 주변의 모든 일에 흥미를 가졌고, 날마다 신문을 주의 깊게 읽고 종교 잡지를 한두 권씩 읽었다. 그리고 그의 형 해롤드는 1918년에 유행성 독감으로 죽었지만 그는 무서운 독서광이었을 뿐만 아니라 시도 잘 썼다. 사실 그는 그 형의 문학적인 영향을 많이 받았던 것이다. 그러나 아깝게도 그는 죽었다. 끝으로 막내 동생인 빈센트도 역시 문학적이었다. 빈센트는 옥스포드에 가서 로날드 낙스(Ronald Knox)에 대해서 배웠고 에벌린 와우(Evelyn Waugh)를 만났고, 루이스(C. S. Lewis)와 함께 개인지도 그룹을 갖기도 하였다. 형제들은 모두 책에 미친 사람들이었다. 그의 집안은 이처럼 독서와 밀착되었고 책과 저자들에 대한 화제로 꽃을 피웠다.

다음은 로이드 존스 목사가 대체 어떤 책들을 읽었는가 알아보자. 첫째로, 그는 표지가 얇은 문고본(paper back)을 좋아하지 않았다. 문고본을 좋아하지 않은 이유가 재미있다. 책은 한평생을 같이 할 친구인데, 문고본은 분실되기 쉽고 책장이 쉽사리 떨어져 나가기 때문에 싫어했다.

그는 또 요약된 글(digests)을 좋아하지 않았다. 그의 『목사와 설교』라는 책에서도 말한 것처럼, 그는 요약된 글이나 백과사전을 좋아하지 않았다. 왜냐하면 그런 것들은 생각하게 하는 것보다는 틀에 박힌 해답만을 주기 때문이다. 로이드 존스 목사는 간추린 글들과 백과사전을 통해서 많은 지식을 얻으려는 현대인의 나쁜 습관을 싫어했다. "리더스 다이제스트"지를 정기적으로 구독하면서도 그것은 별로 보지 않았다.

로이드 존스 목사가 싫어하는 것이 또 있는데, 그것은 문장 스타일에 너무 치중한 과잉 집중이다. 물론 책들이 잘 씌여진 것이 좋다. 그도 문체가 훌륭한 것을 좋아하는데, 그가 우려하는 것은 그 문체가 내용으로부터 이탈되는 것이다. 그가 특히 경계하는 것은, 설교자들이 하나님 말씀을 설교하지 않고, 아름다운 문체에 에세이를 낭송하는 것이다. 문체에 관심을 갖는 것은 재미있는 일이지만, 그가 미적인 문장을 별로 좋아하지 않는 이유는 내용이 허실하거나 잘못되었기 때문이다. 한번은 그 딸 엘리자베스와 토론이 벌어졌다. 엘리자베스는 테니슨의 "창살을 넘어서"란 시를 읽었다.

황혼과 저녁 별들
누군가 나를 밝게 부르는구나!

내가 바다로 나간다 해도
아마 창살은 울지 않으리라.

엘리자베스는 이것을 가장 아름다운 시라고 생각했었는데, 아버지는 "틀렸어. 틀렸어. 진리는 그것이 아니다."

**하늘나라는 편안하니
오, 나의 영혼을 받으소서!**

그리스도인은 죽으면 바다로 가지 않고, 하늘나라로 간다라고 말하였다. 이에 엘리자베스는 다시 "하지만 아름답잖아요?"라고 했다. 그는 다시 "아름다운 게 문제가 아니야. 그건 잘못된 거야"라고 답하였다.

로이드 존스 목사는 자신의 책이 출간될 때는 편집자와 씨름을 한다. "그 문자에 너무 수식어가 많지 않소! 모두 빼고 골자만 놔두시오. 책을 만들 때는 말을 많이 만들려고 고민하지 마시오."

그리고 로이드 존스 목사는 반복된 부분은 삭제시키고, 정확한 말뜻을 모르고 말을 혼동해서 썼을 경우에는 화를 내기도 한다. 그것은 하나님의 진리이기 때문에 그 진리는 제대로 나타나야 한다는 주장이다. 그의 책을 읽으면, 금방 옆에서 직접 말하는 것 같다. 바로 그런 점이 그의 책의 특징이다. 또한 그가 중요하게 여기는 내용인데, 그 내용은 모든 사람들이 이해할 수 있을 만큼 명확한 말로 쓰여져야 한다.

로이드 존스 목사가 즐기지 않는 것은 소설이다. 그는 소설들을 인정하지 않았다. 물론 다른 사람들이 소설 읽는 것을 반대한다는 것이 아니다. 자기 자신이 즐기지 않는데, 그 이유는 시간 낭비라는 것이다. 실제적으로 소설가 디킨스(Dickens)와 하아디(Hardy)를 싫어하는데 그들은 우울한 사람들이며 너무 감정을 자극시킨다는 것이며, 특히 하아디는 세상을 비웃는 염세주의이기 때문이다.

그러나 모든 소설을 싫어하는 것이 아니라 예외도 있었다. 예외는 월터 스코트(Walter Scott)인데, 그는 로이드 존스 목사가 사랑하는 소설가였다. 로이드 존스 목사는 그의 딸들에게 스코트의 유명한 소설인 『골동품상』(The Antiquary), 『낡은 인간』(Old Mortality), 『미들로디안의 심장』(The Heart of Midlothian) 등을 읽도록 하였다. 그러면서 로이드 존스 목사가 충고하는 것이 있는데, 그것은 독서가 마약중독처럼 되어선 안된다는 것이다. 그리스도인 독서가들은 다른 생활과 같이 절제를 해야만 한다고 가르쳤다.

독서의 가치는 무엇인가? 만일 지식을 얻고, 지식을 자랑하기 위해서 독서를 한다면 잘못된 것이다. 어떻게 해서 유명하게 된 사람들이 그저 저자에 관한 간단한 지식이나 얻어서 "나는 아무개의 책을 읽었다"고 하는 것처럼 해서도 안된다. 그리고 자신이 얼마나 잘 읽는가를 과시하기 위한 독서도 바람직하지 못하다. 독서에는 더 중요하고 심오한 이유들이 있다.

로이드 존스 목사는 사람이 지식을 얻기 위해 책을 읽어서는 안된다고 말한다. 책의 기능은 사람을 생각하게 만드는 것이다. 일반적으로 독서의 기능은 독자를 자극하여, 독자 스스로 생각하도록 하는 것이다. 그렇기 때문에 독서를 한 후 그것을 철저하게 씹어서 잘게 잘게 소화를 시켜야 한다. 그래야만 베이컨(Bacon)보다 더 훌륭해질 수 있는 것이다. 로이드 존스 목사가 인정하는 독서 방법은, 어떤 책은 맛이 있어서 꿀꺽 삼켜버리고 또 어떤 책은 흐물흐물하게 씹어 소화를 시키는 것이다. 책이란 완전히 씹어서 소화를 시킬 때만이 독자의 일부분이 되고, 자극을 받게 되며, 생각하게 되는 것이다. 말하자면, 독서의 진수를 맛보게 되는 것이며, 그 책이 독자의 것이 되는 것이며, 그럼으로써 독자는 모든 시대의 지혜를 얻게 되는 것이다.

그러면, 로이드 존스 목사 자신의 독서 목표는 무엇인가? 실망할지 모르지만 그는 속독가는 아니다. 모든 사람들은 로이드 존스 목사가 철저하게 완독을 하는 것으로 알고 있는데, 그렇지는 않다. 그는 종종 자기 부인에게 말하였다. "읽어야 할 책들이 많은데, 빨리 좀 읽을 수 있으면 좋겠어." 하지만 그는 천성적으로 천천히 읽었다. 속독법 책이 광고라도 되면 아마 그는 당장에 샀을 것이다. 로이드 존스 목사는 속독하지는 못했지만, 많은 양을 읽었다. 그의 위대한 점은 놀랄 만한 기억력이다. 그는 자기가 읽은 것은 다 기억하였다. 그렇게 읽은 것마다 모두 기억할 수 있는 비결은 씹어먹기 방법의 원리이다. 그는 항상 잘근잘근 씹어서 소화를 시켜 자기 것으로 만들었기 때문에 그 모든 책을 기억할 수 있는 것이다.

로이드 존스 목사의 사위인 프레드릭은 신약성경을 공부하는 데에 그 방법을 참고하였다. 프레드릭은 기계적인 암기에는 뛰어나지 못하였다. 그는 앉은 자리에서 성경 네 구절도 잘 못외웠는데, 바울에 관한 설교를 하면, 막히지도 않고 15절 정도를 줄줄 말하는 것이다. 그것은 로이드 존스 목사에게 배운 씹어먹기 방법을 사용하여, 그 내용을 다 소화시키고 마음속에 간직하였기 때문이었다. 지금도 그는 천천히 독서를 하지만 읽은 것은 모두 기억하고 있다.

부인 베단은 가끔 남편에게 구약성경 이야기를 들려준다. 예를 들어, 욥의 세 딸의 이름이 생각나지 않을 때, 그는 베단에게 묻는다. 아내 베단은 구약성경에는 뛰어난 실력을 가지고 있었다. 로이드 존스 목사는 종종 "아무개 이야기가 어디에 나오지?" 등의 질문을 하였지만 신약성경, 특히 바울서신은 줄줄 마음속으로 다 외우고 있었다.

또 로이드 존스 목사의 독서에 관해 말할 때 빼놓을 수 없는 것은 그가 놀라울 정도로 독서의 폭이 넓다는 것이다. 참으로 그는 폭넓은 독서가였다. 로이드 존스 목사가 독서의 첫번째 기능은 자극을 주고 생각하게 만드는 것이라고 하였는데, 그 다음가는 독서의 목적과 기능은 무엇인가? 그는 독서의 다음 목적은 바로 정보를 제공하는 것이라고 하였다. 그래서 그는 정보를 얻기 위해 광범위하게 독서를 하였다. 여러 방면에 관심을 갖는 것은 재미있는 일이다. 그는 보편적으로 전기(biography)도 많이 읽었다.

예를 들면 19세기의 추기경 뉴만(Newman)의 전기를 애독하였는데 그것은 로이드 존스 목사를 사로잡고 말았다. 뉴만의 어디가 틀렸고, 어떤 정신이 위대하고, 어떻게 사역했는가 등등 다각적으로 흥미를 느꼈다. 한번은 사위 프레드릭과 딸 엘리자베스가 우연히 흠정강좌 담당교수(Regius Professor, 헨리 8세가 옥스포드, 캠브리지대학에 창설)인 오웬 차드윅(Owen Chadwick) 박사와 점심식사를 같이 하였다. 그들이 오웬 차드윅을 만났다는 이야기를 로이드 존스 목사에게 하자 로이드 존스 목사는 이미 차드윅의 모든 저서들을 다 읽었다고 하였다. 그리고 차드윅의 가장 뛰어난 저서인 『19세기 유럽 정신의 몰락』이 얼마나 중요한가를 설명해 주기도 하였다. 로이드 존스 목사는 그토록 책을 방대하게 읽으면서 하는 말이 있다. "독서는 정신 건강에 좋습니다. 그것은 안정감을 주는 동시에 신선함을 주지요. 그래서 저는 항상 문제를 다룬 정기 간행물들과 독서 자료를 제공해 주는 "양서목록"(Good Book Reviews)지를 구독하고 있습니다."

로이드 존스 목사는 모든 서평에 관심을 갖는다. 서평들을 읽으면 더 많은 생각들을 얻을 수 있을 뿐 아니라 다른 사람들이 독서하는 법을 알 수 있게 된다는 것이다. 그는 생일이나 크리스마스 때, 그리고 휴가를 시작할 때면 꼭 책들을 선물하곤 하였다. 그는 가족들의 독서 취향을 다 알고 있기 때문에 항상 그들이 좋아하는 책들을 선물하였다. 둘째 딸 앤에게는 일반적인 문학작품을, 엘리자베스에게는 빅토리아 시대의 책들과 기독교 소책자 협회에서 나오는 전도지나 헤스바 스트레톤(Hesba Stretton) 같은 사람이 쓴 신앙서적 등을 주었다.

엘리자베스의 친구 가운데 한 명이 철학박사 학위논문을 준비 중이었다. 그 친구가 로이드 존스 목사에게 논문 제목을 말하자, 로이드 존스 목사는 자신의 책 목록에서 관계되는 책들을 뽑아주었다. 서평란을 늘 읽었기 때문에 그런 도움을 줄 수 있었다. 로이드 존스 목사는 어떤 일에도 쉽게 열중하곤 하였다. 손자와는 레슬링에 관한 토론으로, 엘리자베스와 리아논과는 학교교육 문제를, 그리고 요나단과는 미국 정치문제를 나누며 열중하였다. 어떤 학자가 두꺼운 철학 서적을 읽든지 어린 소녀가 담배갑을 수집하든지 그는 열심으로 참여해 주었다. 엘리자베스가 어렸을 때 담배갑을 수집하였었는데 조금 힘들어했다. 왜냐하면 가족 가운데 담배 피는 사람이 없었고, 아베라본 교인들 가운데에도 거의 없었기 때문이다. 그래서 학교 친구들이나 친구의 아버지에게서 얻어냈다. 노력 끝에 웬만한 것은 다 모을 수 있었는데 노르마 쉐어러만 구하지 못했다. 어떤 방법으로도 그녀의 힘으로는 구할 수 없었다. 그런데 어느 날 아침 그녀가 일어나서 식탁에 앉았을 때 그녀의 자리에 노르마 쉐어러가 접시에 놓여져 있었다. 로이드 존스 목사가 열심으로 어디선가 구해다 준 것이었다. 그는 조그만 일에도 열중하여 함께 즐거움을 나누곤 하였다.

그렇게 하는 것은 독서가로서 그에게 중요한 일이었다. 독서가에게 필요한 것은 휴식이다. 사람들은 책을 읽다가 피곤하면 밖으로 나가 산책을 하든지 테니스를 치거나 텔레비전을 시청하지만 로이드 존스 목사는 그리하지 않았다. 그의 주장은 마음과 정신도 휴식을 취해야 하지만, 휴식을 취한다고 해서 책읽기를 멈추는 것이 아니고 다른 것을 읽는 것이다. 그는 휴식을 위해서 재미있는 꽁트나 의학서적을 읽곤 하였다.

물론 변증학 서적도 읽었다. 렉스함의 하이웰 존스(Hywel Jones) 목사와 한스 큉(Hans Kung)의 책도 읽었다. 그는 세계의 철학과 신학의 발전을 한눈에 볼 수 있었다. 그는 어느 한 책만 가지고서는 그 책이 말하고 있지 않는 부분을 알 수 없기 때문에 철학 서적들과 모든 정기 간행물과 특히 모든 형태의 신학 정기 간행물을 구독한다. 로이드 존스 목사는 개괄적인 독서도 필요하다고 말한다. 즉, 어떤 한 특정한 것을 읽는 데 너무 많은 시간을 보낸다면 그것은 일단 멈추고, 균형을 찾아야 한다는 것이다. 그는 이제까지 말한 것과 같은 독서를 통해서 자기성찰을 하였고, 마음속 깊이 받은 감동을 간직하였기에 『목사와 설교』라는 저서를 통해서 죄의 회개와 인간의 전적 부패에 관해서 천둥 같은 메시지를 줄 수 있었던 것이다. 다시 말해서, 그는 책을 통해서 타인을 발견하고, 타인을 잘 알게 되었다. 그 결과 타인을 돕는 방법을 터득한 것이다. 순진한 문학 소년으로부터 고통 속에 있는 자들에 이르기까지 용기를 복돋아 주는 법을 알아낸 것이다.

이제 로이드 존스 목사가 가장 사랑하였던 세 가지의 독서를 생각해 보기로 하겠다. 그는 신학서적을 읽었다. 그의 주장은 설교자가 살아 있는 한 신학 서적을 계속 읽어야만 한다고 한다. 단, 그것은 반드시 성경적인 신학이어야 한다는 것이다. 그는 무미건조한 신학은 읽지도 않고 토론도 하지 않았다. 그런 신학은 하나님의 말씀과는 거리가 먼 것이며 단지 교리만 주장하는 것들이다. 그는 신학 서적을 읽을 때면 그 저자가 말하지 않는 것들도 발견하곤 하였다. 그러다가도 복음주의적 측면에서 볼 때 그 발언이 모호할 때는 언짢아하곤 하였다. 그리고 가족들에게 그 책을 꼭 읽어볼 필요가 있다고 강조하였다. 왜냐하면 그 책은 틀렸기 때문이라는 것이다.

로이드 존스 목사는 경건주의자이다. 하지만 감상적인 경건주의는 아주 싫어한다. 그가 의미하는 경건주의는 일반적으로 성경을 잘 이해하고 좋아하도록 도와주는 형태를 말하는 것이다. 그가 많은 사람을 도와준 형태도 그런 것이었다. 대체적으로 청교도들에게서 그런 것을 많이 볼 수 있다. 리차드 박스터와 존 오웬의 저서들을 섭렵하였다. 특히 리차드 십스(Sibbes) 박사의 『상한 갈대』와 『영혼의 갈등』은 로이드 존스 목사에게 큰 영향을 끼쳤다. 그 책을 읽고 로이드 존스 목사는 자신을 18세기 사람이라고까지 말하였다. 그가 쓴 『영적 침체』(Spiritual Depression)는 십스의 저서에서 많은 영향을 그대로 받았다. 특히 요나단 에드워드를 좋아한 그는 가족들에게 평상시 혹은 여행 중에도 에드워드의 저서들을 읽으라고 추천하였다. 요나단 에드워드를 읽게 되면, 반석 위에 굳건하게 서서 쓰러지지 않기 때문이라는 것이다. 그리고 교리학은 벤자민 워필드 박사의 저서에서 뿌리를 세우며 메이첸 박사의 신학에 정통하였다.

한번은 추수 감사절에 가이우스 다비스(Gaius Davies) 박사와 오므리 젠킨스(Omri Jenkins) 목사가 로이드 존스 목사의 인간미에 대해서 토론을 한 적이 있다. 그것이 매우 재미있다. 한 성직자로서의 로이드 존스 목사에 대한 것이 아니라 그의 개인적 성품으로 보아서 로이드 존스 목사는 본래 의사와 설교자 중 어느 것이 더 알맞겠는가 하는 것이었다. 그들의 결론은 그 둘 다 적합하다는 결론이었다. 그러나 거기에 하나 더 추가할 사실은 웨일즈 사람이었다는 것이다. 참으로 그에게 있어서 웨일즈 사람이라는 것은 중요한 부분이었다. 그가 웨일즈 땅에 묻힐 때에 얼마나 많은 사람들이 놀랐는지 모른다. 그는 철두철미한 웨일즈 사람이었기 때문에 다른 곳에 묻힐 수가 없었다. 물론 다른 지방을 사랑했던 것도 사실이지만 로이드 존스 목사가 마지막에 읽은 두 가지 책이 있는데, 그중의 하나가 웨일즈 찬송가였다. 그 웨일즈의 찬송시들은 위대한 교리들이었고 뛰어난 상상력을 가졌었고, 하나님에 대한 놀라운 사랑의 표현들이며, 영혼을 향한 복음의 메시지였기 때문에 로이드 존스 목사는 그 시들을 사랑하였었다. 더욱이 그는 웨일즈 사람이었기 때문에 그 책을 항상 옆에 가지고 있었다.

　또한 로이드 존스 목사는 교회사와 전기를 사랑하였다. 그것은 모든 사람이 잘 아는 사실이다. 웨스트민스터 회의나 혹은 초대 교부들의 관심 등에 관해서 잘 알고 있었다. 로이드 존스 목사가 전기를 읽는 데는 작은 이유가 있는데 그것은 자신의 교만을 누그러뜨리기 위함이다. 특히 주일 저녁에 아놀드 달리모어(Arnold Dallimore)의 『화이트필드의 전기』 등 위대한 성자들의 전기를 읽으면서, 설교시간과 하루 일과에서 생긴 교만을 겸손으로 바꾸곤 하였다. 그것에 관한 짧은 이야기가 두 가지 있다.

　첫번째 이야기는 1954년 초에 일어난 것이었다. 로이드 존스 목사는 젠킨스가 쓴 세 권짜리 토마스 찰스(Thomas Charles)의 전기를 1월, 2월의 매주 저녁에 읽었다. 가족들에게 큰 소리로 식사 시간 같은 때에 읽어 주기도 하였다. 그 책에서 토마스 찰스는 자신과 결혼할 여인과의 문제가 심각하였다. 그녀는 여러 해 동안 몸이 떨리는 증세가 있었기 때문에 갑자기 결혼생활할 것이 두려워졌다. 토마스 찰스는 다시 우울해졌고 주일마다 그녀에게 편지를 계속하였다. 그러던 어느 주일 저녁에 그녀는 토마스 찰스에게 결혼하겠다고 확답을 하였다. 그것을 듣던 엘리자베스는 무척 좋아했었는데, 거기에는 이유가 있었다. 바로 딸 엘리자베스도 로이드 존스 목사에게 프레드릭과 결혼하는 문제를 말하려고 했었다. 그런데 후에 엘리자베스는 아버지가 그 사실을 알고 있으면서도 기다리고 있었다는 사실을 알고는 아버지가 끈질기게 기다리셨다는 데에 크게 감탄하였다.

　다른 이야기는 스코틀랜드의 언약자들(Scottis covenanters)이 세운 '성찬대'가 있는 위대한 언약자들(covenanters)의 기념비를 방문했을 때의 일이다. 언약자들은 나라, 백성 그리고 통치자들이 장로교 체제를 포함하는 종교개혁의 신앙을 수호하도록 하기 위해 모두 다 같이 서로 언약을 맺었을 뿐만 아니라 하나님과 언약을 맺었다. 이들의 공통된 확신은 장로교 체제는 하나님에게서 비롯되었다는 것이다. 그리고 장로교 체제는 스코틀랜드를 위한 하나님의 언약의 특별한 상징이라고 믿었다. 그것을 기념하기 위해서 기념비가 세워졌다. 그 기념비는 스코틀랜드 남서부의 야산 지대에 있었다. 스코틀랜드의 언약자들이 당국에 잡힐까봐 야산에 올라가서 성찬식을 가졌다. 바로 그곳에서 어떻게 성도의 교제를 나누었었는가를 알기 위하여 로이드 존스 목사는 그곳을 찾았던 것이다. 그의 여행은 무척이나 험하였다. 거친 들판을 지나고 개울을 따라 철조망 밑을 통과하여 도착하였다. 그곳은 아름다운 곳이었으며, 계단식으로 되어 있는 언덕 위에 기념비가 있었다. 그 기념비는 꼭대기가 성찬식 때 쓰이는 잔의 모양으로 되어 있어 언약자들, 곧 하나님의 위대한 사람들을 기념하였다. 로이드 존스 목사는 그곳에 도착하자마자 모자를 벗고 깊은 경의의 표정으로 엄숙하게 바라보았다. 그는 하나님의 위대한 사람들인 언약자들을 사랑하였으며, 존경하였고, 그들을 복음의 형제들로 여겼다. 그때의 로이드 존스 목사의 모습은 그들을 통해서 마음을 가다듬는 듯하였다.

끝으로, 로이드 존스 목사가 마지막으로 읽은 책은 무엇인가? 그것은 역시 성경이었다. 그는 마지막까지 가족들에게 다음과 같이 말하였다. "성경을 읽어라. 그것은 생명의 양식이고 만나는 영혼에 영양분을 공급해 준단다." 그는 로버트 머레이 맥케인(Robert Murray Mcheyne)의 매일 성경읽기표에 따라 규칙적으로 읽었다. 그는 좋아하는 구절만 읽는 것이 아니라 처음부터 끝까지 고루고루 읽었다. 로이드 존스 목사와 부인 베단은 53년 동안 그 읽기표에 따라 계속 성경을 읽었다. 신약성경은 적어도 110번 정도 읽었다. 놀라운 사실은 1981년 3월 1일에 눈을 감았는데, 2월 28일에도 매일 성경읽기표에 따라 고린도전서 15장을 읽었다는 것이다. 그것은 부활 장이었는데 마치 주님께서 그의 육체의 부활을 가르쳐 주는 것 같았다. 그는 규칙적으로 성경을 읽었다.

제 16 장

은퇴 후 저작활동과 투병생활

　1968년에 마틴 로이드 존스는 암으로 건강이 아주 나빠졌다. 그는 아베라본 베들레헴 교회에서 11년 동안 그리고 30년 동안 웨스트민스터 교회(Westerminster Chapel)에서 목회를 하였으며, 그중 5년은 캠벨 몰간과 협동사역을 했고 25년 동안은 단독목회를 했다. 그의 병은 가족들을 크게 낙담시켰다. 그러나 그는 이것을 그에게 좀더 넓은 목회를 하라는 주님의 말씀이라고 느꼈다. 이것은 이 교회의 정규 목회에 매여 한 주일에 세 번 설교를 하는 것으로는 성취될 수 없는 것이었다. 그래서 그는 은퇴를 선택했다. 그러나 이것은 웨스트민스터 교회를 은퇴한 것이었을 뿐이며, 자신의 일에서 은퇴한 것은 아니었다. 전혀 그렇지 않았다.
　우리는 로이드 존스가 생애 말년에 행한 많은 일들을 살펴볼 수 있으나 그래도 그의 생애의 마지막 13년은 그의 가족들이 그를 가장 잘 알 수 있는 가정생활 중심의 시기였다. 특히 그의 손자들에게 있어 그러했다. 둘째 딸 앤(Ann)의 세살난 아이들인 엘리자베스, 리아논, 아담은 로이드 존스가 은퇴해서 살던 집에서 태어났다. 아이들은 2층에서 살았으며, 아이들이 재잘거리거나 텔레비전을 보기 위해 들락날락하는 것이 할아버지 할머니에게는 크나큰 즐거움이었다.

로이드 존스 박사는 대가족을 이루고 살았으며, 은퇴 후에는 더 많은 시간을 그들과 함께 보낼 수 있었다. 첫째, 그의 동생 빈센트 로이드 존스 경이 있다. 그는 대법관으로 그에게는 아내 에나(Ena)와 두 아들 데이비드와 자네트가 있다. 베단 로이드 존스 부인에게는 남자 형제가 둘 있다. 하나는 유안 필립스로 웨일즈 선진운동(Foward Movement of Wales)의 감독이었으며, 후에는 웨일즈 장로교(Presbyterian Church of Wales)의 총회장을 지냈다. 이 교파는 로이드 존스가 아베라본에서 활동한 교파이기도 했다. 그와 그의 아내 린(Lynn)에게는 벳산(Betsan)이라는 딸이 있었는데, 그녀는 아동 정신과 의사인 멜빌 토마스(Melville Thomas)와 결혼했으며, 레이첼, 사라, 조나단이라는 세 자녀를 두었다.

조나단은 마틴 로이드 존스 할아버지를 가장 따뜻한 모습으로 기억하고 있다. 로이드 존스가 카디프(Cardiff)에 왔을 때, 그는 모두가 크게 야단 법석을 떨었던 일을 기억하고 있다. 이러한 모습이 아이였던 그에게는 의아하게 여겨졌다. 이 친절한 노인은 모든 가족들이 사랑하는 그의 '큰할아버지 마틴'이었다. 조나단은 이렇게 말했다.

> 사람들이 내게 와서는 '나는 자네 큰할아버지께서 그 마틴 로이드 존스 박사님이신 줄 몰랐다'라고 말하곤 했습니다. 이것은 물론 저에게는 큰 놀라움이었습니다. 왜냐하면 저는 그분이 그렇게 존경받는 분인 줄 몰랐기 때문입니다.

제16장 은퇴 후 저작활동과 투병생활 *135*

아이들은 재미있는 일들을 기억하고 있다. 젊은 조나단은 로이드 존스가 웨일즈에 친척들을 보러 왔던 때를 기억하고 있다. "마틴 할아버지께서는 오랜 기간 동안 외투를 입고 계시곤 하셨습니다."

조나단은 또한 마틴 할아버지를 발삼(Balsham)에서 만났던 일도 기억하고 있다. 텔레비전에는 모험 프로가 방영되고 있었다. 그때 그의 어머니가 "조나단, 넌 지금 텔레비전 안 보면 좀 꺼줄래, 마틴 할아버지께서 방에 계신단다"라고 말했을 때, 조나단은 마틴 할아버지가 "아니다, 나도 볼거야. 그것 참 재미있을 것 같구나"라고 말씀하신 것을 기억한다고 한다. 조나단은 "아이였을 때, 나는 그와 같으신 분이 내가 흥미를 가지고 있는 일에 흥미를 가지고 계시다는 사실이 기뻤습니다"라고 말한다. 마틴 로이드 존스는 바로 이런 사람이었다. 손자에게 중요한 일이면, 그에게도 중요한 일이었다.

유안 필립스(Ieaun Phillips)는 마틴과 항상 매우 가깝게 지냈다. 그들은 채링 크로스 교회(Charing Cross Road, Welsh chapel)에서 제1차 세계 대전 초기의 소년 시절부터 함께 지냈다. 그들은 단순히 처남지간 이상이었다. 결과적으로, 유안이 1969년에 죽었을 때, 마틴이 받은 충격은 대단한 것이었다. 흥미롭게도, 몇몇 중요한 것들에 대해 견해를 달리했음에도 불구하고, 이 두 사람의 관계는 깊고 따스했다. 이들이 견해를 달리한 일들 중 하나가 1966년의 교단 문제였다. 교단이 교리적으로 혼탁했음에도 불구하고 유안은 그의 교파에 남아 있었을 뿐만 아니라 실제로 잠시 동안 그 교단의 지도자로 있었다. 그때에 로이드 존스는 그 교단이 성별되어야 하고 분리되어야 한다고 주장했다.

벳산 멜빌 토마스(Betsan Melville Thomas)는 감독이셨던 그녀의 아버지 유안 필립이 자매들의 모임(Sisters of People)으로 알려진 몇몇 여성 목회자들에게 웨일즈의 선교 센터들에서 설교하도록 허락했던 일을 기억하고 있다. 그녀는 이렇게 썼다.

> 우리는 마틴 아저씨가 여성 설교자들을 반대했던 것을 알고 있습니다. 따라서 우리가 상상할 수 있듯이 두 분 간의 신학논쟁은 가열되어 갔습니다. 그러나 서로 의견이 다름에도 불구하고, 두 분 사이에는 어떤 적의도 없었으며, 두 분의 우정은 견고하고 확고하게 유지되었습니다.

1969년 유안 필립스가 죽었을 때, 로이드 존스는 장례식에 참여하기 위해 웨일즈로 내려갔다. 벳산은 이렇게 기억하고 있다. "그날 저녁 식사 시간에, 저희 어머님은 마틴 삼촌에게 식사 기도를 부탁하셨습니다. 그러자 마틴 삼촌은 웨일즈의 오래된 가족 식사 기도로 시작하셨습니다. 첫 줄을 기도하신 후에 마틴 삼촌은 목소리를 떠시면서 '저의 가장 좋은 친구를 잃었습니다'라고 말씀하셨습니다."

말년에 로이드 존스가 자주 만나서 시간을 함께하기를 크게 즐겼던 다른 가족은 그의 아내 베단의 사촌 넬리안(Nelian)과 그의 세 딸이었다. 둘째 딸의 이름도 베단이었다. 넬리안 존즈(Nelian Jones)는 베단 로이드 존스의 사촌이라기보다는 자매 같았다. 그리고 멜빌 토마스(Melville Thomas) 가족과의 관계처럼 이 가족과의 관계도 언제나 매우 가까웠다.

베단 제보이스(Bethan Jervois)는 마틴 아저씨에 대해 재미있는 기억들을 많이 가지고 있다. 언젠가는 마틴 아저씨가 그녀의 생명을 구해 준 일도 있었다. 그들은 베단이 죽을 병에 걸린 것이 분명하다고 생각했으며 그때 마틴이 탁월한 의학적 진단으로 그녀를 구해 주었다. 마틴이 그의 친척들을 깊이 사랑했던 것은 전혀 놀라운 일이 아니다. 베단이 말했듯이, 한 사람의 젊은이로서 마틴 로이드 존스는 상식과 재치가 있었으며 아름다운 베단 필립스(Bethan Phillips)와 결혼하는 지혜를 가지고 있었다. 로이드 존스와 그의 부인은 뛰어난 부부였을 뿐만 아니라, 그들의 동료 형제들을 이해하고 사랑하는 데 있어 다른 어떤 사람들보다 뛰어났다. 그들의 조카들의 견해에 따르면, 그들의 기독교 신앙과 가르침 외에 이 모든 것들이 그들을 매우 특별하고 독특하게 만들었다.

베단이 말했듯이 마틴 로이드 존스는 '언제나 그곳에' 있었다. 그리고 이 말은 그에 대한 그의 손자들의 견해에도 똑같이 적용된다. 그녀는 '그에게 무엇이든지 이야기할 수 있었다.' 이것은 가족들이 느끼고 발견했듯이, 20대의 어떤 사람들에게는 매우 중요했다. 베단은 이렇게 기억하고 있다. 나는 의학적인 것이든 영적인 것이든 간에, 내가 가진 모든 문제들을 두고 언제나 얼링(Ealing)에 계신 그분에게 전화할 수 있다는 것을 알고 있었다. 사람들은 언제나 그분에게 그 정도의 기대를 했으며, 그분은 결코 그들을 거절하지 않으셨다. 가족들이 보았듯이, 로이드 존스 집안의 전화는 통화중일 때가 많았다. 그러나 베단이 사촌 언니를 보기 위해 로이드 존스의 집을 방문했던 때로부터 기억하고 있는 것처럼, "그분은 그 일을 결코 불평하지 않으셨습니다. 그리고 전화를 걸어온 사람을 위해서는 언제나 시간을 할애해 주셨습니다."

마틴 로이드 존스가 이전에 했던 일들 중 많은 것들이 계속되었다. 그는 은퇴한 교회의 웨스트민스터 친교회(the Westerminster

Fellowship)에 참여하고, 교회의 상태와 부흥의 필요성에 계속적인 관심을 보였다. 그러나 몇몇 새로운 일들이 있었다.

로이드 존스는 수술 후 완전한 회복을 위해 휴식을 취했다. 하지만 그는 오랫동안 쉬지는 않았다. 1969년에 미국 필라델피아에 있는 웨스트민스터 신학교의 교수회에서 그에게 설교의 성격에 대한 일련의 강의를 부탁해 왔다. 그는 여기에 동의했으며 그의 설교사역에 대한 명강의는 목사와 설교(Preaching and Preachers)로 재편집되어 세계 여러 나라에서 출판되었고 한국에서는 『목사와 설교』로 출판되었다. 이 책은 설교사역의 영광과 설교자의 자세 및 설교의 실제에 대해 자신을 갖게하는 설교학 분야의 고전이 되었다. 로이드 존스가 설교를 '불에 대한 논리'(logic on fire)라고 묘사한 것은 바로 이 강의들에서였으며, 이것은 성경적 해석이 주어진 이래 최선의 묘사일 것이다.

이제 로이드 존스는 은퇴 후에는 한 주일에 세 편의 새로운 설교를 해야하는 압박감에서 벗어나 있었기 때문에 지금까지 행한 주요한 설교들을 정리하여 출판하는 일에 집중할 수 있었다. 그리고 많은 사람들이 목사님을 이전보다 훨씬 더 많이 볼 수 있다는 것을 의미했다. 그가 그의 집이 있는 얼링에 계속 머물러 있었다면, 그는 언제까지나 사람들에게 매달려 있어야 했을 것이며, 대개는 전화에 매달려 살았을 것이다. 그가 교회에서 은퇴했다 하더라도, 그는 웨스트민스터 친교회(the Westerminster Fellowship)의 책임자로서 이전 어느 때보다 더 많은 활동을 하고 있었다. 로이드 존스는 1966년 자신들의 교단들을 떠나 그를 따랐던 사람들이 느끼는 목회적 필요들을 자주 생각했다. 그 결과 그는 문제에 봉착한 목회자를 상담하는 일에 상당한 시간을 할애했다. 그를 찾아오는 방문자들은 여전히 있었다. 그들은 영국에서뿐만 아니라 전세계에서 그를 찾아왔다. 이것은 언제나 그의 아내 베단에게는 작은 스트레스였다. 그녀는 방문자들을 좋아하면서도 언제나 그들이 오기 전에 집을 깨끗이 치워 두기를 원했다.

결과적으로, 그가 자신의 설교 원고들을 정성껏 정리하기 위해서는 그가 전화를 받지 않도록 해줄 수 있는 사람과 상당한 평화와 고요함이 필요했다. 이것은 로이드 존스가 이러한 일을 하기에 최적의 장소는 런던의 복잡한 생활과는 거리가 먼 발삼에 있는 집이었음을 의미했다. 얼링의 전화번호부에도 로이드 존스의 전화는 이러한 이유에서 베단 로이드 존스(B. Lloyd-Jones)로 되어 있었다. 그러나 이를 아는 사람들은 언제나 그곳에서 로이드 존스와 통화를 할 수 있었다. 로이드 존스는 낡은 갈색 서류 가방과 원고들을 가지고 와서 일을 하곤 했다. 그가 이렇게 일할 때도 가끔 강단에 서면 진리의 말씀이 그의 설교들을 통해 나타날 때 회중들을 깊이 감동시켰다. 예를 들면, 그가 에베소서 3장의 마지막 부분을 설교할 때에 특히 그런 모습의 절정을 이루었다.

그의 생애에서 주어진 주요 설교들은 로마서와 에베소서에 대한 것들이었다. 특징적으로 볼 때, 그는 이것들을 연대순으로가 아니라 중요한 순서대로 내놓았다. 요즈음 그의 책을 사는 사람들은 성경 순서에 따라 산다. 그러나 그는 목회적으로 어떤 것들은 다른 것들보다 먼저 나와야 한다고 생각했으며, 출판자도 이에 동의했다. 이것들 중 몇 권은 그가 살아 있을 동안에 편집되고 스코틀랜드의 '진리의 기수' (Banner of Truth) 출판사에서 출판되었으며 성령의 인치심에 대한 그의 매우 분명한 가르침을 포함하고 있다. 우리가 보았듯이, 우리는

『말할 수 없는 기쁨』(Joy Unspeakable)에 나타난 그의 성령세례에 대한 연구의 견해를 두고 상당한 논의가 일어났다는 사실에 다소 놀랐다. 왜냐하면 그는 이 책에서 전에 진리의 기수 출판사에서 출판된 책들에서 말한 것들을 따로 전혀 첨가하지 않았기 때문이다.

사람들이 가장 좋아했고 지금도 가장 좋아하는 책은 에베소서 강해 시리즈로서 한국어로는 『영적생활』로 번역된 『성령 안에서의 삶』(Life in the Holy Spirit)이다. 다른 책들 가운데서, 이 책은 아이들을 어떻게 키우고 독려할 것인가에 대한 그의 가르침을 담고 있다. 이것은 우리가 일상 생활에서 그로부터 많이 배우는 부분이다. 그의 책들은 전세계에서 팔려 나갔다. 그의 외손자 크리스토퍼는 이렇게 자랑했다.

나는 보르네오의 한 외딴 곳에 사는 사람이 로이드 존스의 책들 중 한 권에 대해 감사를 표하면서 나에게 보내온 편지를 잊을 수가 없다. 언젠가 나는 플로리다에서 어떤 모임에 참석하고 있었다. 그때 한 낯선 사람이 나에게 다가와 '당신이 로이드 존스 박사의 손자이십니까?' 라고 물었다. 내가 그렇다고 대답하자 그 사람은 나에게 자신의 성경에 당장 사인을 해 달라고 했다. 그 이유는 물론 나 때문이 아니라 단지 로이드 존스의 책을 너무나 좋아하기 때문이었다. 나는 목회자들의 서가를 볼 기회가 많이 있었다. 그럴 때마다 나는 로이드 존스의 책들이 많이 꽂혀 있는 것을 보고 기뻤다. 내 부모님께서는 웨스트 포인트 사관학교의 목사의 연구실에서도 그의 책들을 보셨다고 한다.

로이드 존스 목사가 은퇴한 후에 했던 또 다른 주요 활동은 1966년 자신들의 교단들을 떠났거나 미흡하지만 '대의'를 위해 싸우고 있으며 그의 격려가 필요한 사람들이 모인 교회들에서 설교하는 것이었다. 그는 그와 같은 사람들에게 매우 큰 친밀감을 느꼈으며, 이들 중 어떤 사람들은 로이드 존스의 생각을 따르는 가운데 많은 어려움을 겪기도 했다. 이러한 곳들에서는 로이드 존스가 방문했을 때 엄청난 감동이 있었음은 말할 필요도 없다. 위대한 사람 그 자신이 여기에 있었다. 때때로 그는 주일에 작은 교회에서 예배를 드리곤 했다. 어느 주일날 아침예배 시간에 설교자가 로이드 존스가 자리에 앉아 있는 것을 보고는 놀라 갑자기 설교를 다른 것으로 바꾸어 버린 일이 있었다. 이 사람이 로이드 존스를 결코 모방하려 하지 않았지만, 그를 상당히 모방하는 사람들이 있었다. 그리고 로이드 존스는 자신의 설교와 거의 내용이 같은 설교를 듣는 때도 있었다.

1980년에 그는 건강이 너무 나빠서 설교를 할 수 없게 되었다. 그가 마지막 예배를 드린 것은 바르콤(Barcombe)에 있는 작은 침례 교회에서였다. 그곳의 목회자는 레이 게이돈(Ray Gaydon) 목사로 그는 이전에 웨스트민스터 교회의 일원이었다. 로이드 존스는 암으로 인해 너무나 약해져서 걷는 것조차 고통스러웠다. 마지막 때에 그는 목소리를 잃기는 했지만 감사하게도 그의 정신은 끝까지 온전했다. 그는 자신이 무슨 생각을 하고 있는지 모두가 알 수 있도록 노트에 힘들게 글씨를 썼다. 그는 자신의 마지막 때가 가까웠다는 것을 분명히 알고 있었다. 그는 신문에 글을 기고하는 일을 2월 28일에 그만 두겠다고 미리 통보했다. 가족에게 준 그의 마지막 메시지들 중 하나는 "건강을 위해 기도하지 말아라, 내가 영광에 들어가는 것을 막지 말아라"였다. 그는 1981년 3월 1일에 잠을 자는 중에 죽었다. 그날은 두 가지 면에서 상징적인 날이었다. 그날은 성 다비드의 날(St. David's Day)로 그가 사랑했던 웨일즈의 국경일이었으며, 일요일, 즉 주님의 날이기도 했다. 청교도 운동을 같이 했던 세계적 신학자 제임스 패커(J. I. Packer)는 이렇게 썼다.

'영광'이라는 그분의 마지막 말씀은 하나님 아래서 그분이 내 삶에서 가졌던 의미를 정확하게 말해 준다. 그분은 '영광', 즉 하나님의 영광, 그리스도의 영광, 은혜의 영광, 복음의 영광, 기독교 목회의 영광, 새창조에 따른 인간의 영광을 내가 아는 다른 어떤 사람보다 풍성하게 구현하고 표현하셨다. 어느 누구도 다른 사람에게 이와 같은 영광의 비전보다 더 큰 선물을 줄 수는 없다. 나는 영원히 그분께 빚진 자이다.

이러한 감동적인 찬사는 로이드 존스의 가족들이 그에 대해 느꼈던 바를 그대로 보여 준다. 옛 친구들을 보러 다시 고향에 돌아 왔을 때, 그리고 1977년 아베라본(Aberavon) 교회 50주년 기념 예배 때 그곳 교인들에게 말했던 하나님의 영광에 대해 누릴 수 있었다. 그는 고린도전서 2장 2절을 본문으로 멋진 설교를 했다. "내가 너희 중에서 예수 그리스도와 그의 십자가에 못 박히신 것 외에는 아무것도 알지 아니하기로 작정하였음이라." 이것은 그가 아베라본 베들레헴 교회에서 한 첫 설교였으며, 지금 그는 다시 그 설교를 했다. 감동적인 복음 제시의 설교를 한 후에, 그는 그리스도의 사역에 대해 결론내렸다.

그는 여러분을 거듭나게 하실 것이며 여러분은 성도가 될 것입니다. 그리고 여러분은 바로 이곳을 떠나 지금은 영원한 영광 가운데서 그분의 얼굴의 빛을 쬐고 있는 성도들의 영광스러운 회(會)에 참여할 수 있을 것입니다.

웨일즈에 있는 그의 무덤의 비석에는 성경의 다음과 같은 구절이 적혀 있다. "내가 너희 중에서 예수 그리스도와 그의 십자가에 못 박히신 것 외에는 아무것도 알지 아니하기로 작정하였음이라." 이 메시지는 로이드 존스 목사의 일생 동안 그의 가슴속에 자리 잡고 있었으며, 그가 견지한 자세였다. 그는 우리 모두에게 하나님의 임재와 영광이라는 능력의 의식을 주었으며, 지금 그는 하나님과 함께 있다. 이제 마틴 로이드 존스 박사는 "영원한 영광 가운데서 그분의 얼굴의 빛을 쬐고 있다." 그는 세계교회와 특히 한국교회에 깊은 영적감화를 심어주었다. 할렐루야! 마틴 로이드 존스 목사와 같은 충실한 종의 삶을 통해 하나님을 찬양합시다.

제 17 장

사위가 본 로이드 존스[1)]

나의 장인되시는 로이드 존스 박사님의 영전에 드릴 수 있는 글을 쓰게 되어 무척이나 영광스럽다. 나는 그분의 모든 것을 닮기를 원하였다.

우리 가족은 1948년부터 웨스트민스터 교회에 나가기 시작하였다. 그 후 얼마 안 되서 부친께서 서부 아일랜드에서 휴가 기간을 보냈었다. 그때 부친께서 로이드 존스 박사님께 질문하던 모습이 기억난다. 그때 부친의 모습은 마치 어린아이가 부모에게 대하는 듯하였다. "당신의 설교를 듣기 위하여 2천 명의 성도들과 또 수천 명이나 되는 사람들이 다른 곳에서 찾아오고 있는데, 무엇 때문에 그렇습니까?" 그 대답은 간단하였다. "일단 한번이라도 저의 설교를 들어본 사람이면 알 것입니다. 참으로 능력 있는 설교는 하나님의 말씀을 올바로 전하기

---

1) 이 글은 로이드 존스 목사의 사위 프레드릭 카터우드(Frederick Catherwood)가 쓴 글이다. 그는 영국 하원의원을 지냈고 저명한 저술가이다.

때문이겠지요." 그 휴가 기간 동안에 새롭게 발견한 것이 있었다. 그 위대한 설교자요 교사이신 로이드 존스 박사님이 골프, 테니스, 낚시, 혹은 우리가 하는 일상적인 것들을 하리라고는 예전에 전혀 생각지 못하였었다. 그러나 내가 잘못 알고 있었던 것이다. 박사님은 그 모든 것을 다 하였다. 물론 뛰어난 기술은 없었지만 진지하게 열심으로 하셨다. 그때 나는 위대한 설교자의 다른 면을 보았던 것이다.

그러나, 우리가 그에게 관심을 갖게 된 것은 역시 그의 가르침이었다. 그가 1947년부터 금요일 밤의 토론회에 참여하기 시작하였다. 그 토론회의 강당은 그리스도인의 자세에 대하여 박사님께서 청중들의 질문에 답하는 것을 들으려는 사람들로 항상 가득 찼다. 그의 가르침은 훌륭하였기 때문에 청중들은 그의 가르침을 잊지 않는 것은 물론이고 미래에 닥쳐올 미지의 문제들에 대처하는 법도 알게 되었다. 박사님의 대답은 항상 성경에 기초하였다. "당신은 바울이 그 문제에 관해 말했다고 생각하십니까? 바울은 많은 서신을 기록하였는데, 성경에 그 문제가 있는지요? 에베소서인가요 네, 맞습니다. 에베소서 6장인가요? 몇 장에 나옵니까?" 등등의 질문을 하였다. 즉, 정확한 성경구절의 근거가 찾아질 때까지 그와 같은 주제에 대하여 말하고 있는 다른 성경구절과 비교해서 성경이 말하는 것에 쾌히 수긍할 때까지, 그리고 그 자신이 우리에게 말해서가 아니라 우리들 스스로가 그 해답을 찾아낼 수 있을 때까지 질문하였다. 그러나 더욱 훌륭한 것은 해답을 찾는 것으로 끝나지 않고 반드시 그것을 가지고 생활에 적용시키는 것이었다. 박사님께서는 우리들의 케케묵은 편견들을 성경의 균형 있는 가르침으로 교정시켜 주려고 항상 노력하였다.

그 말이 맞네. 카터우드, 물론 나도 그 입장을 이해하네. 자네 말처럼 그런 것을 논리적으로 해야만 하네. 그리고 그렇게 된 것은…여 보게 카터우드, 이것이 자네의 논리라고 생각하는가?"

이와 같이 잘못된 길에서 인도함을 받은 후에야, 우리 입장이 틀렸다는 사실을 깨닫고 주저하기 시작한다. "내 입장이 그런거였다니" 하면서, 비로소 자신을 갖고서 자신의 논리를 수정한다.

한번은 박사님은 나를 심하게 질책한 것에 대해 사과하였다.

"자네는 그것을 취소할 수 있네. 자네가 아무도 주장하지 않으리라고 말했던 그 견해들을 택하는 사람들도 있는 걸세. 그리고 지금 나는 자네에게 그러한 점을 가르치고 있는 것이네."

후에 나 스스로가 터득한 것이지만 토론은 결코 인도하기 쉬운 것이 아니다. 대화나 설교 중에서 자기 자신의 논리체계를 내세워 어느 특정 의견에 반대하거나 견제하기 위해 미리부터 준비해서는 안된다. 또한 그 주제에 대한 전체 맥락을 파악하고 있지 못하면 사회 도중에 본론에서 벗어난 의견이 튀어나오는 경우에는 실패하고 말 것이다. 어느 한 의견이 주제에 맞는 것이 아니라면 그것은 본 토의에서 벗어나는 것이라는 것을 그 토론자에게 부드럽게 이해시켜야 한다. 그러나 주제에 맞는 것이라면 그 토론자가 그 관계를 잘 연결시킬 수 있도록 그리고 그 토론의 흐름이 진리로 인도될 수 있도록 하기 위해 그것이 어디에 어떻게 적합한지를 알아야만 한다. 그러나 그러기 위해서는 주제와 토론의 모든 것에 관해 폭넓게 알 것이 요구된다. 그리고 잘 정돈된 마음뿐 아니라 교리에 반대하는 논쟁을 평가할 줄 아는 능력과 그런 논쟁에서 진리가 왜곡되는 것을 막을 수 있는 영적 감각이 필요하다.

로이드 존스 박사님의 방대한 독서량은 논쟁에 있어 풍부한 지식을 공급하였고, 의사로서의 뛰어난 의술은 놀라운 분석력과 논리적인 마음을 주었다. 박사님께서는 논쟁하는 가운데 그 실마리를 풀어나가는 것과 참인 것과 거짓인 것을 구별하는 것, 그리고 어떤 발언이 왜 위험하며, 그것을 택하면 왜 안 되고, 어떤 생각이 참이며 어떤 생각을 믿어야 하는가에 대하여 가르쳐주었다. 또한 회중들이 토론하기 전에 먼저 보장해야 할 것에 대해서도 가르쳐주었다.

또 박사님께서 우리에게 보여준 것이 있었다. 그것은 경건한 복음주의 신앙, 대학과 공립학교의 강력한 기독교 형제단의 헌신적인 신앙, 큰 부흥회에서의 감정적인 헌금, 각 종파간의 대규모의 선교형태를 띤 부흥주의 등이 전부는 아니라고 하는 사실을 우리 세대에게 보여주었다. 그는 자유주의와 인본주의를 상대로 하여 고군분투하였다. 그는 교회의 복음을 신학논쟁의 중심에 놓고, 그것만은 절대 양보하지 않았다. 오히려 개혁신학의 강한 중심줄기인 종교개혁의 초창기로 끌고가 복음의 가르침으로 이야기를 이어갔다. 바로 그런 방식은 19세기 후반 스펄전이 상승세의 자유주의자와의 논쟁에서 패배했을 당시에 이미 사라졌던 것이었다. 대성당의 장엄한 아치형의 기둥처럼 기독교 복음의 거대한 논리적 승리를 나타내었던 개혁신학은 그 승리의 날을 위해 축복된 사상과 서적들만을 받아들여온 우리들에게 하나의 계시로서 다가온 것이었다.

그는 칼빈과 웨스트민스터 신앙고백서를 그리고 핫지와 벌코프의 저서들을 통독하면서 창조주 하나님의 주권에 개혁주의 교리가 자연과학과 사회전반을 변형시킨 사실을 발견하였다. 그리고 나서 이제까지 우리가 '진보' 사상을 단순히 고등비평주의나 자유주의로 보아왔던 것을 지적하면서, 그런 태도는 단순히 기독교 교리를 보호하려는 행동에 불과하다고 하였다. 로이드 존스 박사는 교리의 분별력에 있어서 탁월하였다. 올바른 교리에 대해서는 타협이 없었다. 그러나 교리도 하나님을 향한 타오르는 사랑이 겸비되어야 한다고 강조하였다. 바로 그런 하나님을 향한 사랑은 곧 우리들로 하여금 하나님은 항상 함께 하신다는 것을 알게 하고, 또 서로를 사랑할 수 있게 우리들을 풍요하게 해주는 것이다. 또한 모든 사람들에게 그들 자신이 하나님의 자녀요 동시에 하나님의 종이라는 사실을 일깨워 주는 것이다.

로이드 존스 박사는 칼빈주의와 카리스마주의를 모두 수용하고 있기 때문에 그들 양쪽은 박사님을 서로 자기들 편이라고 주장하였다. 그러나 그러한 것들은 박사님의 가르침을 전반적으로 오해한 것이었다. 그 두 조류는 절대적으로 기독교 신앙의 본질적인 부분들이며, 서로 상호보완적이고 각 그리스도인들의 삶 가운데서 동시에 나타나야만 하는 것이다. 강함과 유함이 서로 분리되어질 수 없는 것과 같다. 그는 성도의 균형을 유지했다.

강단에서의 그의 모습은 카리스마적이라기 보다는 칼빈주의적이었다. 엄숙한 제네바형의 가운, 복음을 경외하는 마음, 감동을 불러일으키는 메시지의 능력, 그 모든 것은 황홀경이나 연극과는 거리가 멀었다. 아직 그는 인간들 중에서 가장 훌륭한 인간이었다.

내가 50년대 초반 어느 늦가을 저녁에 한 시간짜리 천둥과 같은 박사님의 설교를 듣고 그의 큰 딸과의 결혼을 요청하기 위하여, 덜덜 떨면서 그를 만나러 갔던 사실이 기억난다. 미리 예행연습을 조심스럽게 했었지만, 막상 교회 사무실 입구에 다다랐을 때, 그의 영접하는 모습이 너무 부드러웠기 때문에, 그만 결혼에 관한 제안을 하지 못하였다. 그가 죽기 전까지 28년 동안 그의 온정과 사랑은 조금도 변하지 않았었다.

제17장 사위가 본 로이드 존스

　모든 가족들 가운데에서뿐 아니라 교회와 목사님들 가운데에서도 그는 가장 온화한 마음의 소유자였다. 박사님께서 붉은색 안락의자에 앉아서 전화로 목사님들과 혹은 문제가 있는 사람들과 대화하는 모습은 정말 포근하였다. 전화를 할 때 우리가 들어가면 손을 흔들며 미소를 짓곤 하였다. 손자들은 잠자러 가기 전에 꼭 잠옷차림으로 할아버지에게 달려와 입맞추곤 하였다. 전화를 할 때도 그는 조용하고 부드럽게 대하여 상대방이 그 스스로 마음의 매듭을 풀게 하였으며, 난관에 처한 사람에게는 용기를 주었다. 그 모든 것은 참으로 인상적이었는데, 바로 우리 가족에게도 그와 같이 대해주었기 때문이다.

　박사님께서 개인적인 문제들에 대해서 이야기하여 줄 때는 너무도 솔직하였다. 그런 중에서도 차별하지 않는 태도와 적극적인 태도를 발견하게 되는데 그 자신과 당사자 모두에게 만족스러울 때까지 그러했다. 물론 예외적인 것들도 있었다. 8살난 큰손자와 조용히 앉아서, 서로 책을 보면서 점심식사를 할 때, 갑자기 손자를 쳐다보면서 말한다. "너는 성(sex)을 어떻게 생각하니?"

　개인적인 문제를 취급할 때는 세속적인 면과 영적인 면을 포함한 폭넓은 지식을 보여주었다. 나의 친구 가운데 항상 우울해 하던 사람이 있었다. 박사님께서 그 친구에게 믿음의 토대를 확실하게 보여주었다. 그 후 그 친구의 생활은 전반적으로 변화되어, 계속 그를 괴롭혔던 우울했던 것들로부터 벗어날 수 있게 되었다.

　그는 결코 시간에만 관대한 것은 아니었다. 물질에 관해서도 관대하였다. 그는 웨일즈풍의 앞이 트인 스웨터를 좋아하였다. 그러나 결코 그 스스로 사본 적은 없다. 또 그의 목회사례비가 아무리 적다 할지라도 꼭 가족에게 분배하여 주었다. 그리고 유산이나 심지어는 책

원고료까지도 자신이 필요한 것보다 더 많이 가졌다고 느낀 때는 즉시 가족 가운데 그것이 필요한 사람을 찾곤 하였다.

  나는 가난한 목사의 딸과 결혼할 때 어떤 물질적인 도움은 기대도 하지 않았다. 그런데 우리가 첫번째 집을 사기 위해서 저당을 맡길 대차물(貸借物)을 얻은 것은 바로 그에게서였다. 그는 결코 자기 자신을 위해 돈을 쓸 생각은 하지 않았다.

  그의 의견에 대해 나는 항상 존경심을 갖지만, 그의 손자들은 그렇지 않았다. 그 손자들에게는 단지 '다드쿠'(Dadcu, 웨일즈에서의 할아버지)일 뿐이며, 그의 어떤 의견이라도 손자들에게는 논박당하기가 일쑤였다. 마치 그 모습은 아무도 들어갈 수 없는 곳에서 어미 사자가 어린 새끼들과 더불어 놀고 있는 것처럼 보였다.

  온 가족이 모여서 토론을 하게 되는 경우에 박사님은 가족들에게 엉뚱한 의견들을 내놓곤 했다. 가족들이 다급하게 "도저히 그렇게 말할 수 없다"라고 반격해오면, 그는 항상 여유 있는 토론술로써 막아내곤 하였다.

  그런 가족토론회의 주제 가운데에는 정치에 관한 것도 많았다. 사실 박사님 자신은 그 동안 공적으로 사회복음의 개념을 공격하였으며, 그리스도인은 정치에 참여해서는 안된다고 주장하였다. 그러나 그는 전반적으로 정치에 매료를 느끼고 있었던 것 같다. 텔레비전에서 하는 정치토론을 유심히 지켜보곤 하였으며, 그것을 우리가 보지 못했을 때는 항상 요약해주기도 하였다.

  박사님께서는 수없이 많은 정치인들을 만났다. 수상이었던 로이드 조오지로부터 결혼 선물을 받았는데, 평상시 로이드 조오지를 존경해 왔었다. 그리고 로이드 조오지도 박사님의 설교를 듣기 위하여 웨스트민스터 교회에 나오곤 하였다. 또 어네스트 마르플리스는 박사님에게 우익 정당지를 주었는데, 박사님은 그것을 다시 나에게 건네주었다. 물론 웨일즈의 정치가들도 많이 알고 있다. 현재 하원의 대변인인 클레드윈 휴거와 조오지 토마스는 박사님을 매우 존경하였다. 특히 조오지 토마스는 박사님을 명예로운 고위 작위에 추천하기도 하였다. 그때 박사님은 기독교 목사로서 만족하고, 그것을 거절하였다.

박사님이 정치분야에서 흥미를 느낀 것은 '인격의 충돌'이었다. 박사님에게 있어서 정치의 대상은 인격들이었다. 그는 정치에 대해서 그리스도인의 특별한 입장이 있다고는 생각하지 않았는데, 오히려 그런 생각이 올바른 판단을 위해 더 수용력 있는 것이라고 본다. 개인적으로는 그는 정치적 재능이 없는 정치꾼들보다도 더 훌륭한 정치적 판단을 하려고 자신의 능력을 초월하지는 않았다. 정치인들에게서 그가 가장 싫어하였던 것은 그들의 위선이었다. 그것은 그들 모두가 결혼서약을 할 때처럼 신성하게, 그리고 도덕적인 음성으로 크게 맹세해놓고서는 그 서약을 무시하였기 때문이다.

그러나 아마도 그의 가장 위대한 점은 바로 앞을 내다보는 예언자적 능력이었다. 이미 학생시절부터 그 잠재력을 가지고 있었다.

전쟁 중에 박사님은 IVF의 대표였던 더글라스 존슨과 협력하여 사역을 하였다. 그들은 함께 피상적인 기독교와 그 시대의 자유주의 신학 등을 추방하는 운동을 하였으며, 기독교를 진리의 반석 위에 강하게 구축하였다. 더글라스 존슨의 후계자인 올리버 버클레이 박사는 50년대에 웨스트민스터 교회에 참석하였으며, 현 대표간사(General Secretary)인 로빈 웰즈는 그가 60년대에 런던에서 살았을 때 웨스트민스터의 회중이었다.

전쟁 후에는 곧 스태시 우즈와 함께 세계 복음주의 학생회(International Fellowship of Evangelical Students)를 창립하였다. 현재 IFES는 75개국에 그 회원국을 두고 있다. 바로 그의 앞을 내다보는 비전이 세계의 대학교에서 학생복음운동을 통하여 이루어지기 시작한 것이었다.

박사님은 브리티쉬 운동(British Movement)과 세계 복음주의 학생회(IFES)에 둘 다 관계하였다. 4년에 한 번 모이는 IFES의 책임자 모임에 마지막으로 참석한 것은 1971년 오스트리아 회의였다. 그 회의에는 IFES의 다른 창립협력자인 존 볼튼도 참석하였었다. 존 볼튼은 독일태생의 미국인으로서 학생수련회를 위하여 밋테질에 있는 자신의 옛 저택을 기증한 사람이었다.

존 볼튼은 다른 동료들처럼 훌륭한 인물이었다. 제1차 세계대전 때에는 바바리아의 직원이었다. 존 볼튼은 군대가 공산주의자와 사회주의자에 의하여 위신이 떨어졌다는 사실과 베르사이유 조약이 수정되었다는 사실을 전쟁 직후에 알게 되었다. 바로 그런 사실들을 안 후에 그들은 대중정치가가 필요하였고 존 볼튼이 아돌프 히틀러를 실각시키기를 원한 것은 오래 전이 아니었지만, 그는 실각시키기를 좋아하는 종류의 사람이었다. 그 후 존 볼튼은 자기 가족의 명단이 히틀러의 숙청대상의 첫번째 장부에 있다는 것을 발견하고는 자기가 그리스도인이 된 미국으로 이민하였고, 그는 미국에서 결정적인 행운을 만나게 되었다.

마틴 로이드 존스, 존 볼튼, 오스트레일리아인 스태시 우즈, 스위스인 레네 파세, 등등 모두 훌륭한 분들로서 그들은 서로 존경하고, 서로 신뢰하며, 서로 용기를 주었던 오랜 친구들이었다. 그들은 개별적으로, 혹은 연합해서 하나님의 위대한 사업들을 이룩한 선구자들이었다. 이 국제적인 사역이 영국에서 한 박사님의 사역보다는 덜 알려졌지만, 그의 노력은 대단한 것이었다.

박사님은 은퇴 후에도 텔레비전 출연 등 13년의 바쁜 생활을 하였다. 그는 텔레비전을 추방하자고 주장하였는데, 그 이유는 텔레비전이 매우 독단적이며 대중전달의 진정한 매개체가 아니라는 것이다. 그가 생각하는 대중전달의 진정한 매개체는 설교와 글쓰는 것이다. 그런데도 놀라운 것은 결국 방송국에 설복당하고만 사실이다. 처음에는 웨일즈 BBC에서 그리고 나중에는 점점 더 넓은 UK 방송망에서 봉사하였다. 그 시간을 통하여 박사님은 화이트필드의 생애와 사상에 대한 연속극을 만들었는데 텔레비전 카메라 팀과 함께 아주 전문가처럼 해냈다.

박사님은 텔레비전 회견들을 두려워하지 않았다. 특히 지성인이며 미인으로 잘 알려진 조안 베이크웰 아나운서는 박사님의 철두철미한 무관심에 감명받았다. 대부분의 목사들이 그녀의 요청에 못이기는 척 굴복하기를 원하는 것들에 대해서 그는 절대로 그렇지 않았다. 조안 베이크웰 자신도 죄인이며 그리스도로 말미암아 구원받아야 한다는 사실을 말해준 것이 바로 박사님이라는 것이었다. 그러나 그녀가 궁금하게 생각한 것은 어떻게 이런 시대에 저런 낡아빠진 사고방식을 듣도록 하는지 모르겠다는 것이었다. 그때 박사님께서 대답하였다. "오늘 이 시대에서 맨체스터의 자유무역회관을 메우게 할 수 있는 정치가가 있다면 나에게 말해주시오." 로이드 존스 목사는 맨체스터의 자유무역회관을 빈틈없이 메운 회중들에게 설교했었다.

끝으로 잊혀지지 않는 것은 그의 온화함이었다. 또한 그 반면에 그는 강한 성품을 지녔으며 그가 확신한 생각들은 매우 힘있게 주장하였다. 그리고 그는 대담한 능력을 소유하였다. 만일 그가 그것을 사용하기를 원했다면, 상대편들을 능히 굴복시킬 수 있는 것이었다. 아직도 그는 모두에게 필요하다. 특히 가족들에게 더욱 그러하다. 그는 가족 가운데 가장 친절하고 온화하였다. 게다가 그는 협조적이었고, 누구에게나 폐를 끼치지 않으려고 했다. 캠브리지에 있는 집에서 안락의자에 앉아 원고를 교정하고, 독서를 하는 모습은 무척이나 평화로워 보였다. 다른 사람들이 텔레비전을 켜놓고 들어갔다 나갔다 하고, 또 그들끼리 대화를 하더라도, 그는 아무것도 상관하지 않고 그 일을 계속했다. 하루 일과의 맨 마지막은 가족 기도회였다. 모든 가족들은 하던 일을 정돈하고 성경을 들고 모여 이야기하기 시작한다. 아마 반 시간 정도는 그럴 것이다. 물론 그도 성경을 무릎에 놓고 참여하였다. 그리고는 조용해지면 박사님께서 성경 한 장을 읽고, 아주 신실한 모습으로 그리고 극진히 사랑하는 마음으로 하나님께 기도를 드린다. 이것이 내가 기억하고 있는 나의 목사님이요 장인의 전부이다.

ID # 제 18 장

로이드 존스의 강연초록

1. 복음교리 선포[1]

도대체 오늘의 교회들을 어떻게 설명해야 하는가? 그렇게 해서는 안된다는 것을 알면서도 현재의 문제점들에 가슴 아파하는 것이다. 우리가 먼저 생각해보아야 할 것은 '우리가 무엇을 할 수 있는가?' 가 아니라 '왜 그렇게들 했을까?' 라는 것이다.

흔히들 영적 쇠퇴 현상의 이유로서, 전쟁과 교육의 보급, 사회 발전, 정의심 결여, 자동차, 영화, 무선전신 등을 말하고 있다. 그러나 내 생각으로 그런 것들은 부차적인 이유들밖에는 안된다. 제일 큰 원인은 현 교회들이 성경을 영감된 하나님의 말씀으로 받아들이는 신앙에서 멀어지기 때문이며, 18세기에 강조되었던 위대한 복음주의 교리가 약화되었기 때문이다.

---

1) 1935. 12. 3. Royal Albert Hall에서의 강연.

철학이 계시(성경)를 대신하는 순간부터 모든 것이 잘못되기 시작한 것이다. 물론 사람들이 빠지지 않고 교회에 출석하고, 많은 수가 예배를 드리지만 대부분은 거의가 습관적인 것이다. 여기서 확신할 수 있는 사실은 교회가 권위를 잃어버렸고 능력을 상실한 것이 하나님 말씀의 권위를 불신한 때부터라는 것이다. 그 순간부터 성경은 하나님 자신의 계시로서 인류를 구원하는 유일한 길이 아니라 하나님에 대한 인간의 의문사(史)라는 견해들을 갖기 시작하였다. 교회들은 바로 그것을 기점으로 쇠퇴하기 시작하였다. 교회들은 복음주의 교리들을 버리고 대신 인간의 진화론으로 대체시켰으며, 개인 구원보다는 사회복음을 설교하기 시작하였다. 그때부터 교회 출석은 형식적이 되어버렸으며, 성도들의 입맛을 즐겁게 해주려고만 노력하게 된 것이다. 교회출석은 더 이상 아무런 생명력도 없게 되었고, 또 절대적인 것도 아니었다.

나는 논쟁하고 싶은 마음은 없다. 그러나 다음 질문에 솔직하게 답해보자. 현재 젊은이들을 중심으로 일어나는 문제들을 하나님의 말씀 자체만으로 해결할 수 있는가? 조금 더 나아가서 40-50년 전에 소개되었던 모든 복음주의적 방법들이 실제로 하나님 말씀으로부터 나온 것들인가? 나는 성경에 나오는 위대한 복음주의자들의 사역을 읽으면서, 그들은 첫번째로 결과에 관심을 갖지 않았다는 사실을 발견할 수 있었다. 그들은 진리의 말씀을 선포하는 것에 더 관심을 집중시켰다. 오직 하나님 한 분만을 높였던 것이다. 그들의 관심은 모든 사람들이 진리를 직접 접할 수 있게 하는 것이었다. 고린도에 간 사도 바울은 고린도를 복음화하기 위해 많은 방법을 생각하였다. 그는 도시의 시장에게 찾아가 상의도 해보았고, 또 말하지 않은 다른 방법들도 있었을 것이다. 그러나 바울은 단지 "내가 너희 가운데에서 그리스도와 그의 십자가에 못 박히신 것 외에 아무것도 알지 아니하기로 작정하였노라"고만 말하고 있다. 물론 사도도 두려워했으리라 생각된다. 그러나 우리의 신앙생활, 우리의 봉사 그리고 우리를 불러주심은 하나님의 주인되심과 거룩하심으로 확실하게 선포하신 것이다. 인간의 죄악과 전적 타락, 그리고 인간의 전적 무능력 등을 위한 방법은 무엇인가? 바로 하나님의 아들 예수 그리스도의 대속적인 죽으심과 그의 부활하심, 바로 그것만이 인간이 구원받을 수 있는 유일한 방법이며 소망인 것이다.

2. 진리를 위해 변명하지 말라[2)]

현대인들에 의하면, 구원은 인간의 지식의 교육에 의하여 생겨나는 인간의 가능성과 능력을 완전히 사용할 때 이루어질 수 있다고 한다. 인간은 자기 자신을 구원해야만 하고, 또 인간은 자기자신을 구원할 수 있다는 것이 현대인들의 신조이다. 만약 어떤 사람이 그리스도의 복음과 그 속에 나타난 이적과 구원을 이야기한다면, 그는 구세대의 진부한 이론을 따르는 바보로 간주될 것이다. 더욱이 그 메시지를 인쇄한다면, 수백 년 전 원시인이나 아프리카의 미개인들이 하는 것처럼 심한 모욕을 줄 것이다. 거기서 조금 더 나아가, 복음만이 인류의 유일한 소망이라고 설교한다면, 그는 정신병자나 백치의 취급을 받을 것이다. 하지만 그럼에도 불구하고, 그것은 오늘 바로 우리가 주장하고 있는 것이다. 그렇지만 우리는 수치심을 느끼거나 변명을 하지 않는

---

2) 1942, 『인간의 역경과 하나님의 능력』에서.

다. 왜냐하면 사도 바울이 그랬고 지나온 동안 다른 모든 사람들이 그렇게 하였기 때문이다.

3. 캠벨 몰간 박사를 보내면서[3]

존경하는 동역자는 본향으로 돌아갔다. 그는 생명력이 넘치는 분이었지만 이제 그 생명력을 찾아보기 어렵게 되었다. 하지만 영원한 세계에서 계속 살아 계시며 이 땅에서도 계속 남아 계실 것이다. 그의 정력은 무한하였다. 그리고 캠벨 몰간 박사는 능력 있는 설교가의 마지막 계승자였다. 위대한 설교가들은 하나님의 선물이다. 그러나 그들 나름대로 위험한 점이 있다. 다름이 아니라 성도들이 위대한 설교를 숭배하는 것이다. 나는 종종 그런 사람들이 다시 현세에 와서 다음 영적 부흥 운동이 일어날 때, 그것을 사람이 하는 것이라고 말하지 않기를 생각해본다. 캠벨 몰간 박사는 웨스트민스터 교회를 가득 채울 수 있었다. 그러나 만일 나의 목회 기간 동안에도 이 교회가 계속 차고 넘친다면 아무도 내가 한 것이라고 믿지 않고 모든 영광을 하나님께 돌릴 것이다.

4. 청교도의 신앙[4]

최근에 미국과 캐나다에서 얼마 동안 보내면서 그곳의 종교상황을 보고 용기를 얻은 것이 한 가지 있다. 지도자들 모임과 학생들 사이에서 복음화 운동이 한창인 것이다. 한 모임에서는 집회 후에 많은 젊은

---

3) 1945. 캠벨 몰간 박사 소천.
4) 1956. 11. 1. 복음 도서관의 정기집회에서.

이들이 대화하기를 원했는데, 그들 대부분이 청교도 문학에 대해서 물어 보았고 청교도 서적을 구입할 수 있는지를 질문하였다.

그런 사실은 분명히 그들 가운데 청교도 신앙에 관심 갖는 사람이 늘어나고 있다는 것이다. 그들은 모두 틀에 박힌 정기 간행물에 지쳐 버렸고 여기 저기서 인용하여 나오는 간행물이나 이 시대의 문학을 통해서 큰 도움을 받지 못하고 있는 것이다. 그들이 원하는 것은 영혼을 충족시켜줄 책들이며, 대학을 마치고도 자신을 충실하게 양육시켜 줄 수 있는 책이다. 바로 그런 이유 때문에 그들의 관심이 청교도 신앙에 쏠리기 시작한 것이다.

이것은 지난 15년간을 거슬러오면서 가장 격려할 만한 현상이다. 그리고 나는 국제 학생대회에도 참석했었는데, 거기에는 유럽, 한국, 일본, 필리핀, 남아메리카의 4개국 등에서 대표단들이 참석했었는데, 그들의 공통점은 더 깊은 신앙을 찾고 있다는 것이었다. 그들은 격한 감정주의는 불충분하며 일시적이라는 사실을 깨달은 것이다. 마지막까지 견고하며 흔들리지 않으려면 더 깊은 복음의 지식에 기초해야 한다. 복음적이기 위해서 모임에 참여하거나 묵상을 하고 기도를 하는 방법을 취할 수도 있지만 더 좋은 방법은 과거의 위대한 복음 운동을 읽는 것이다. 그러나 그러한 서적은 작은 도서관에는 거의 없을 뿐 아니라 충분히 인쇄가 되지 못하였다.

이런 것을 경험한 나로서는 복음 도서관의 책임이 얼마나 중요한지를 다시 한 번 확신하였다. 미국에 있는 많은 사람들이 청교도 목사 존 오웬의 저서들을 읽었다고 했을 때, 한편으로는 놀랐지만 너무나 기뻤다. 하나님께서 미국 사람들 모두에게 더 깊은 복음주의 신앙을 사수하는 축복을 하시는 것으로 믿는다. 청교도의 신앙을 계승해야 한다.

5. 훌륭한 서적[5]

먼저 번에도 말했던 것처럼 그리스도인이 훌륭한 서적에 관심을 갖는 것은 좋은 일이다. 최근 출간된 것으로 조나단 에드워즈 선집 Ⅰ, Ⅱ권이 있는데, 그것은 이얀 머레이가 편집하였다. 특히 『에드워즈의 생애』에서 중요한 것은 '놀라운 회개의 현장'들을 실제로 체험할 수 있다는 것이다.

또 부록으로 세 편의 설교가 실려 있는데, 1) 인간의 자연상태와 비참함, 2) 찬양 받으실 그리스도, 3) 인간 구속에 나타난 하나님의 주권이다. 3월 말이면 에드워즈의 200주기가 되어 그 기념도 되지만 조나단 에드워즈 선집은 연구할 가치가 있기 때문에 정독할 필요가 있다. 나는 칼빈의 『기독교 강요』와 『성경주석』 그리고 에드워즈의 저서는 개혁신앙의 쌍두마차라고 생각한다.

6. 새 번역과 흠정역[6]

현 시대의 주된 여론 가운데 가장 관심을 갖는 문제는 성경을 새로 번역하는 것이다. 그것이 바로 이 1961년에 달성되었다. 그 동안 성경의 말이 너무 어려워서 많은 사람들이 성경을 읽지 않는다고 한다. 오늘날의 젊은이들이 '칭의', '성화' 같은 성경 용어를 어떻게 알고 있는가? 그들은 성경을 이해하지 못하고 있다. 그러므로 그들이 이구동성으로 말하는 것은 모든 사람이 이해할 수 있는 새 번역판을 만들

---

5) 1958. 3. 7. 웨스트민스터 교회에서.
6) 1961. 10. 24. National Bible Rally에서.

어야 한다는 것이다. 나는 6개월 전부터 영국에서 흠정역(the Authorized Version)은 이제 가치가 없고 폐품이 되어가는 느낌을 받아 왔다. 이제 흠정역을 좋아하는 나로서는 성도들에게 흠정역을 사수해야할 필요가 있음을 강조할 것이다.

올해 초에 새 번역 문제를 다룬 모든 글들을 보고서, NEB는 New Evangelical Bible(새복음성경)의 약자라는 사실을 알았으며 모든 사람들이 그 선전이나 광고에 약하고 매혹된다는 사실을 입증하였다. 복음적인 사람들이 왜 그토록 생명력을 잃어버렸는지 놀랍다. 오늘 이 시간에 그 문제를 생각해 볼 수 있게 되어 하나님께 감사드린다. 자, 솔직하게 이야기해보자. 우리들이 이해할 수 있는 성경을 갖는 것은 프로테스탄트 개혁자들의 기본적인 중요한 제안이다. 그것은 당연한 것이며 상식인 것이다. 우리 모두 반계몽주의자(obscurantists)는 결코 아니다. 골동품을 연구(수집)하는 마음으로 성경을 접하면 안 된다. 그런 입장에는 아무도 반대하는 사람이 없지만 새 번역을 요구하는 이 시대의 논쟁 속에는 위험한 요소가 들어 있다고 본다. 칭의나 성화 같은 말들을 현대인들이 이해할 수 없다고 했는데 그 문제를 놓고 생각해보자. 그렇다면 존 웨슬리나 조오지 화이트필드에 의해 18세기에 설교한 것들은 당시 사람들에게 이해가 안 되었었는지. 그 시대 사람들은 학교에 다니지도 못했으며 또한 학교도 없었다. 그들은 읽을 줄도 모르고 쓸 줄도 몰랐다. 그런 사람들이 사용하던 성경이 바로 흠정역인 것이었다. 물론 보통 사람들은 그 용어들을 이해하지 못하였다. 그러나 내가 덧붙이고 싶은 사실은 성경이 우리에게 나타내고 있는 진리의 본질이 말에 따라 달라질 수 있다는 것이다. 성경은 동물이나 기계가 기록한 것이 아니다. 그것은 영감으로 되어진 계시이며, 이 세상의 것들로 되어지지 않았다. 그렇기에 사도 바울이 고린도 교회에 쓴 편지들에서처럼, 이 세상의 권세들도 그것을 깨달을 수 없는 것이다. 성경은 영적 진리이기 때문에 인간의 지혜는 별로 가치가 없는 것이다. 누구보다도 그 영적 진리를 많이 이해하였던 사도 바울도 경건의 비밀은 놀라운 것이라고 고백하고 있다.

우리는 사람들 누구나 잘 이해할 수 있도록 성경은 쉬운 말로 고쳐져야만 한다고 말해 왔다. 그러나 그것은 잘못된 말이다. 우리가 지금 해야 할 일은 성경을 사람들의 수준으로 끌어내리는 것이 아니라 사람들을 성경의 수준으로 끌어올려 교육시키는 것이다. 오늘의 가장 큰 문제의 하나는 모든 것이 대중화되는 것이다. 보통 사람이 표준(Standard)이고 권위자인 것이다. 그 보통 사람은 모든 것을 결정하고, 모든 것은 그 사람의 수준으로 내려간다. 텔레비전을 통해서, 신문을 통해서 모든 기준들은 내려가고 또 내려간다. 과연 하나님의 말씀도 그렇게 해야 하는가? 결코 그럴 수 없다. 과거에는 많은 이변들이 일어났다. 무지한 자들과 문맹자들이 구원의 반열에 들어와 성경으로 교육받고, 성경의 진리를 이해하기 시작하면서 하나님의 영광을 찬양하였다. 이런 현상이 오늘날에도 필요한 것이다. 그러므로 우리의 임무는 흠정역을 다른 것으로 대체시키는 것이 아니라 흠정역의 표준과 언어와 그 경건성을 가르치고 훈련시키는 것이다.

7. 참 지식과 거짓 지식[7]

지식의 우위성에 찬성하지만, 지식의 우위성이란 결코 피상적인 지

---

7) 1961. 12. 20. 청교도 대회 연설에서.

식만을 말하는 것은 아니다. 사도 바울의 말처럼 거짓 지식으로는 사람을 올바르게 인도하지 못한다. 그런 지식은 마음으로 하지 않기 때문에 능력이 없다. 사람들은 대개 단순하게 지식만을 흡수하려고 하지 어떤 다른 뜻은 없다. 어떤 흥밋거리가 행동으로 옮겨지지 않거나 의지를 움직이지 못할 때, 그 흥밋거리도 별로 유익한 것은 못된다. 로마서 6장 17절에 보면, "너희에게 전하여 준 바 교훈의 본을 마음으로 순종하여"라고 되어 있다. 순종한다는 것은 지식으로 인해 일어난 '감정'과 '의지'의 표현이요, 지식은 마음으로 전하는 전인격적인 것이다. 만약 그렇지 못하다면 그것은 거짓 지식으로 그칠 것이다.

바꾸어 말하면 이런 것이다. 복음에 관하여 설교하는 것과 복음을 설교하는 것의 차이가 무엇인가. 복음은 전혀 나타나지 않으면서도 복음에 대해 말하는 것은 가능하다. 그런 경우는 무용한 것이며 위험한 것이다. 실제로 우리는 복음에 대해서는 알았지만 복음자체에 대해서는 참 지식을 갖지 못하였다. 무엇보다도 중요한 것은 신학이란 것이 세상의 추상적인 진리를 종합한 것이나 많은 철학적 제안들이 아니라, 바로 하나님을 아는 것, 즉 진실하신 하나님과 그가 보내신 예수 그리스도를 아는 것이라는 사실을 깨닫는 것이다. 결론적으로 참 지식의 열매가 무엇인가? 첫번째 열매는 우리가 주 안에서 기뻐하는 것이다. 그를 알게 되면, 단지 믿는 것뿐 아니라 그 안에서 기뻐하는 것이다. "주 안에서 기뻐하라, 내가 다시 말하노니 기뻐하라!" 교회에서 가장 행복한 사람들은 은혜의 교리를 아는 이들이다. 그들은 하나님과 하나님의 사랑을 알기 때문에 작은 지식에 교만하지 않고, 항상 기쁨으로 가득 차 있는 것이다.

어떤 이지적이고 이론적이고 학문적인 정보를 많이 알고 있다는 단순한 이유 때문에 하나님을 아는 지식을 가지고 있다고 생각하는 것은 어리석은 것이다. 주님의 은혜와 주님을 아는 지식에서 자라가야 한다. 의식할 수 있을 정도로 하나님의 임재를 체험해야 한다. 의식할 수 있을 정도란 하나님이 가까이 계시다는 것을 느끼는 것이다. 우리가 그것을 모르고 있다면 가지고 있는 그 모든 지식들은 가치가 없다. 아무런 소용도 없는 거짓된 지식에 빠지지 않도록 하나님께서 우리를 지켜 주시기를 바라자.

8. 은퇴의 부르심[8]

내가 큰 수술을 받아야만 한다고 생각할 때에 마치 그것은 목회의 마지막이요, 다른 생활의 시작이라고 하나님께서 말씀하시는 것 같았다. 내가 암을 수술받기 전에 사랑하는 아내와 동료들에게도 그렇게 말하였다. 그러는 가운데 그 확신은 점점 더 굳어지고 있었다.

나는 이미 은퇴할 나이가 지났다. 웨스트민스터 교회에서의 목회 30년은 내 인생의 전부였기 때문에 다른 곳에서 온 초청이나, 대학과 신학교에서의 강의 부탁, 목회자 수련회 등의 설교 등을 모두 거절하였다. 그러나 무엇보다도 고맙게 생각하는 것은 웨스트민스터 교회에서 설교한 것을 출판할 수 있게 된 것이다. 계속해서 많은 분들이 의학을 포기하고 목회생활을 한 것과 또 하나님의 쓰시는 영광의 복음 설교자가 된 것 등에 대해서 출판하기를 원하였었다.

지금 나는 41년 전에 하나님의 부르심을 받았던 것처럼, 이제 임무를 마무리지으라는 은퇴의 부르심을 느끼고 있다. 그 사실을 여러분

---

8) 1968. 5. 30. 은퇴를 결심한 편지에서.

에게 알려드리는 것이다. 처음에 드린 말씀처럼 내 마음은 복잡하고, 또한 웨스트민스터 교회에서 설교를 하지 않는다는 것은 생각하기 어렵다. 그러나 하나님께서 부르실 때 우리의 마음은 원하지 않더라도 우리는 그분에게 순종해야 한다.

9. 시간과 영원[9)]

시간의 문제처럼 어려운 것이 있는가? 다음 이야기를 들어보자. 한 부모가 지난 전쟁 중에 외아들을 잃고서, 서로 쳐다보며 말한다. "어떻게 잊어버리지? 하루하루의 시간이 너무 길고 산다는 것이 너무 힘든 걸." 그들은 자기들의 보물을 잃어버리고, 과연 어떻게 살아갈 수 있겠는가? 시간이 문제이다. 어떤 것을 기다릴 때 시간이 얼마나 지루한지 모른다. 만약 그리스도인이 아니라면 오히려 간단하다. 왜냐하면 운명대로 살아가면 되기 때문이다. 그러나 그리스도인의 시간관은 그렇지 않다. 그리스도인도 이 세상에 있는 것은 마찬가지다. 똑같은 인간으로서 이 땅에서 산다. 그러나 영원한 세계에 있을 것을 생각하면 모든 것은 바뀐다. 영원한 세계! 끝이 없는 세계! 백만 년을 생각해 볼 수 있는가? 그러나 백만 년에 또 백만 년, 그리고 또 백만 년! 계속가서 영원의 영원! 끝이 없다. 바로 이것이 영원이다. 그 영원과 우리 인생을 비교하면 어떤가? 아주 짧은 삶이 우리의 몫이다. 야고보는 우리 인생을 안개와도 같다고 하였다. 옳다! 그것은 수증기 같은 것이며, 영원과는 비교도 할 수 없는 것이다. 바로 그러한 시간 개념이 그리스도인들을 도와주고 있다.

---

9) 1975. 성도의 견인에서.

사도 바울은 우리의 고생이 잠깐 동안이라고 하였다. 말하자면, 순간이라는 것이다. 오늘은 여기 있지만 얼마 후면 여기에 없게 된다. 바로 우리는 그 순간 영원에 있게 되는 것이다. 우리가 오늘과 내일이라고 하는 시간은 현재이며, 이미 지나간 과거이다. 참으로 우리가 들어갈 영원한 세계만이 우리의 영광인 것이다. 우리의 시민권은 땅에 있지 않고 하늘나라에 있다. 이 세대는 지나가고 순간적이며 유한적이다. 반면에 앞으로 올 세계는 참된 세계이며, 영원한 세계인 것이다. 바로 그 점이 성도가 끝까지 인내해야 하는 이유이다. 그 세계는 확실히 올 것이며, 아무도 그 세계가 임하는 것을 막을 수는 없다.

10. 우리가 필요한 설교[10]

설교의 목적은 지식을 주는 것만이 아니다. 조나단 에드워즈는 그 목적을 감명을 주는 것이라고 하였다. 설교자들로 하여금 책을 읽도록 하고 거기서 스스로 지식을 얻도록 해야 한다. 설교의 역할은 산 지식을 만들게 하는 것이다. 그와 비슷한 것이 대학의 강의인데, 비극적인 것은 많은 강사들이 노트를 불러주는 것으로 그치고 있다. 그런 행동은 교수나 강사의 역할이 아니다. 학생들은 혼자서 책을 읽을 수 있다. 바로 거기에다 불을 붙이고, 감격을 주고 소생케 하는 것이 교수의 역할이다. 아울러 설교의 근본적인 역할도 그와 유사하다. 바로 우리에게 필요한 것은 감동적이고 열정적이며 능력 있는 설교이다. 그 설교는 포근히 감싸주면서도 진지한 것이어야 한다. 에드워즈는 늘 이러한 설교를 강조하신 분이다.

---

10) 1976. 12. 웨스트민스터 대회에서, "조나단 에드워즈와 부흥"에서.

11. 처음과 마지막 되신 그리스도[11]

고린도후서 2장 2절의 "내가 너희를 근심하게 하면 나의 근심하게 한 자밖에 나를 기쁘게 하는 자가 누구냐?"를 본문으로 택한 데에는 두 가지 이유가 있다. 그 하나는 1926년 11월 28일 이곳 베들레헴 교회에서 첫번째 설교를 할 때 마음속에 떠올랐던 구절이었고, 또 한가지 이유는 그 구절이 복음증거자에게 올바른 사명의식을 일깨워주고 있기 때문이다. 또한 그 구절은 모든 성도들의 생활에 필요한 핵심을 말해 주기도 한다.

사도 바울은 예수 그리스도와 그의 십자가 외에는 알지 않겠다고 결심했다. 물론 그는 다르게 결심하여, 자기 지식만을 가지고도 헬라인을 녹일 수 있었을 텐데 그렇게 하지 않았다. 사람들은 바울을 어리석게 보았다. 마침내 바울은 그리스도를 위한 바보가 되어, 헬라인에게는 어리석음이고, 유대인에게는 장애물인 복음증거자가 되었다. 하지만 바울의 결심은 심각한 것이었다.

왜 바울은 그런 결심을 했는가? 겸손히 자신에게 물어본다. 왜 나는 이 건물에서 그와 똑같은 결심을 50년 전에 했던가? 그리고 왜 오늘밤 다시 이곳에 서 있는가? 복음의 참 증거자들과 참 교회들은 왜 바울과 같은 결론을 내려야만 하는가? 그렇게 해야만 한다. 그렇게 하지 않기 때문에, 오늘의 교회와 설교자들은 세계를 향해 우유부단한 태도를 취하는 것이며, 강한 악의 세력에 대하여 약하고 힘없는 존재가 되는 것이다.

과연 그리스도는 내 생활의 전부인가? 과연 그리스도는 우리 생활

---

11) 1977. 2. 6. 아베라본의 샌드필드에서.

의 중심에 계신가? 문제는 모든 것은 바뀐다는 사실이다. 지난 50년 간도 우리는 변화하는 세계를 보아왔다. 바로 50년 전 이곳에서 복음이 부흥하는 것을 직접 체험했던 사람들은 지금 여기에 없고 하늘나라에 가 계신다. 언젠가는 우리도 죽음과 직면해야 하며, 우리는 무(無)로 돌아가야 한다. 마지막이 가까이 올 때 무엇을 하겠는가? 이 시간 두려운 마음으로 말하는데, 결코 그리스도를 떠나서는 살 수 없다. 오직 그리스도만이 우리들을 새 사람으로 만들 것이며, 성도라 칭하실 것이다. 그리스도 안에서 50년 전 이곳에서 부흥을 일으키던 사람들과 하나가 될 수 있기를 바란다.

12. 로이드 존스 박사[12]

1. 박사님은 예리한 통찰력을 가진 훌륭한 영적 변호사였다.
2. 박사님은 혼란한 상황을 수습하는 재능을 가지셨다.
3. 박사님은 유능한 성경 교사였다.
4. 박사님은 그러면서도 겸손한 마음의 소유자(물론 타고난 성격이 아니라 그리스도인의 열매로서 맺어진)이시며, 강단에서 설교를 할 때는 조용하게 시작하는데 점점 힘을 주고 강조를 하면서 커지기 시작하였다.
5. 박사님은 청중들로 하여금 처음에 한 둘을 잘 들으면 후반은 청중 스스로 생각해 낼 수 있게 하였다.
6. 박사님은 거짓 능력이나 비밀전략 같은 것은 전혀 쓰지 않았다. 그는 값싼 기도회 같은 것보다는 진리 그 자체를 내용으로 하여

---

[12] IVF 총재 더글라스 존슨 박사가 쓴 글임.

그 진리만을 설교하였다.
7. 박사님의 교리는 개혁주의이지만, 그 교리를 맹목적으로 숭배하지는 않았다. 그는 또한 개인적인 책임을 다하는 훌륭한 목사였다. 그는 거의 알미니안적이지만 하나님의 주권을 말할 때는 칼빈도 못당할 칼빈주의자였다.!
8. 박사님은 뛰어난 위로자와 상담자였다. 그가 항상 말하듯이 목사의 훌륭한 카운셀링은 정신의학자의 치료보다 더 낫다. 그는 남부 웨일즈와 웨스트민스터에서 많은 상담 경험을 통하여 확고한 신념을 가지고 있었다. 하지만 로이드 존스 박사님은 카운셀링이나 심방을 너무 장려하지는 않았다. 왜냐하면 상담목회가 주요 관심사가 되어 목사가 설교와는 거리가 멀어질 수 있기 때문이다.
9. 박사님의 부인이 말하는 남편상은 이렇다.
"내 남편은 기도의 사람이다. 그리고 철두철미한 복음주의자(미국 쪽의 복음주의자와는 다르다)이다."
10. 박사님은 근면하였다. 웨일즈 주일학교에서 착실하게 성경공부를 하고 찰스 핫지의 건전한 교리를 습득하였다. 그리고 독서광으로서 청교도의 작품과 읽을 만한 가치가 있는 종교서적을 다 읽었다. 박사님은 윌리암스 박사 도서관(Dr. Williams Library)과 복음주의 도서관(Evangelical Library)에서 일정하게 책을 공급받았다.

제 19 장

로이드 존스의 저서목록

1982년에 로이드 존스 박사의 저서들과 팜플렛의 목록이 "진리의 기수"(Banner of Truth) 출판사에서 발간되었다. 그것들은 영국에서 출판된 시대순으로 되어 있고, 책의 주제와 발행자, 그리고 페이지 수 등이 잘 나타나 있다. 로이드 존스 박사의 글이 그의 저서에서만 볼 수 있는 것은 아니다. 그의 저술활동은 다양하여서 "진리의 기수"(Banner of Truth), "웨일즈의 복음주의지"(the Evangelical Magazine of Wales), 그리고 "크리스쳔 그레쥬잇"(Christian Graduate) 등과 같은 정기 간행물을 통해서, 그리고 여러 가지 연구회나 대회 보고서, 신문 등을 통하여 이루어지고 있다. 그 외에도 찾아볼 수 있는 저술 활동은 1929년 웨일즈 말로 된 정기 간행물인 "복음주의"(Yr Efengylydd)지에 쇼필드의 작품인 『건전한 그리스도인』(Christian Sanity)에 대한 서평, 혹은 찰스 페리의 저서인 『심장 내막염 세균』(Bacterial Endocarditis, 1936)의 부록에서도 볼 수 있다.

로이드 존스 박사 생존시에는 그런 글들을 모두 모아둔 저술 목록은 만들지 못했고, 단지 저서와 소책자들만의 목록만 만들었다. 하지만 그의 글이 실려 있는 자료들은 모두 중히 여겨 "진리의 기수"에서 출판하고 있다.

웨스트민스터 교회에서는 매년 12월에 '교회사 연구회'가 정기적으로 열렸는데, 특별히 청교도 시대의 신앙에 많은 관심을 가졌다. 로이드 존스 박사는 1950년 '교회사 연구회'가 발족되면서부터 회장의 역할을 하였으며, 폐회 연설은 반드시 그가 하였다. 1958년 이후부터는 그 '교회사 연구회'의 보고서들이 책으로 출판되었다. 1978년 연구지의 제목이 『존 번연으로부터의 조명』(Light from John Bunyan)이며, 그때까지 지난 20년 동안의 색인이 그 책에 실렸다.

로이드 존스 박사의 또 다른 저술활동의 터전은 "웨스트민스터 레코드"(Westminster Record) 월간지였다. 그것은 웨스트민스터 교회에서 발간하는 것이다. 그 월간지를 통해서 웨스트민스터 목사로 재직하는 기간(1938~68) 동안 행한 300편 이상의 설교가 실렸으며, 그의 『로마서 강해』와 『에베소서 강해』 시리즈가 책으로 나오기 전까지는 그 월간지를 통해서 발표하였다.

로이드 존스 박사는 런던에 있는 '복음주의 도서관'(Evangelical Library)의 대표로서 창립 때부터 그가 세상을 떠나는 날까지 재직하였다. 1955년부터 그 도서관의 정기회합 보고서가 소책자로 나왔는데 거기에는 로이드 존스 목사의 연설이 항상 실렸다. 1969년부터는 『복음서적 도서관 회보』(The Evangelical Library Bulletin)라는 소책자가 나왔는데, 그가 매해 행한 설교들이 계속 실렸다.

물론 그 도서관의 그런 활동에는 로이드 존스 박사의 역할이 막대하였다. 그는 좋은 책들을 제작하는 데 역점을 두었다. 또한 그는 결혼선물로서 칼빈과 존 오웬의 전집을 권유하였다. 그는 자신이 독서를 열심히 한 것처럼 좋은 책이 있으면 반드시 다른 사람들에게도 추천하는 것을 잊지 않았다. 그런 면에서 양서들을 선정하고 제작하는 분야에서도 그의 활동은 대단하였다.

로이드 존스 박사는 웨일즈 이외의 다른 지방 출신들도 웨일즈 출신의 그리스도인들이 남긴 훌륭한 유산인 18세기의 감리교 목회자들에 관해서 배우고, 그것으로부터 감동받기를 크게 갈망하고 있었다. 그런 유산에 대한 그의 관심은 "웨일즈의 복음주의지"(Evangelical Magazine of Wales, 1969)에서 출판된 가이우스 데이비스 박사의 『민족주의, 전통과 언어』에서 그와의 회견 내용 속에 잘 나타나 있다.

웨스트민스터 교회에서 박사 자신이 강의한 시리즈에 판티셀른의 찬송가 작가인 윌리암 윌리암스에 관한 것(1968)과 호웰 해리스에 관한 것(1973)이 있는데, 그 둘은 초기 웨일즈 감리교도 가운데 가장 저명한 사람들이었다. 그리고 다른 강의들을 통해서 "웨일즈의 신앙"을 계속 취급하였고, 랑게이토의 위대한 감리교 설교가인 다니엘 로울란드에 관해서도 적지 않게 취급하였다. 그 외에도 웨스트민스터 교회에 있는 동안 웨일즈를 테마로 하여 강의하였다. 그것들은 매우 중요한 강의들이다. 그런 것들은 "복음서적 도서관 회보"와 "진리의 기수" 같은 출판물을 통해서 볼 수 있다.

로이드 존스는 부인에게 판티셀른의 찬송가 작가인 윌리암스의 작품인 『경험의 만남』을 영어로 번역하게 하고 서론을 자기가 쓰기도 하였다. 그는 또한 리차드 벤네트의 『호웰 해리스의 초기 생애』와 에이피온 에반번스의 『1904년의 웨일즈 부흥』, 그리고 마리 존스의 『아란의 그늘에서』의 번역서들에 서문을 쓰기도 하였다. 또한 그는 1904년 대부흥에 영향을 크게 끼쳤던 케리 에반스의 영적 자서전 출판에도 참여하였었고 그 후에 다시 그 책을 글린 토마스로 하여금 영어로 번역하도록 주선하였다. 그 외에도 로이드 존스 박사는 다른 재능도 가지고 있었다. 그것은 엘브트 루이스가 지은 유명한 웨일즈 찬송가인 "Rho im yr hedd"를 번역한 것인데, "복음서적 도서관 회보" 1942년 봄호에서 찾아볼 수 있다. 여하튼 박사님께서는 웨일즈의 복음적 계승에서 찾아볼 수 있는 풍요한 기독교 세계를 소개하려고 애썼으며, 또한 그 자신이 직접 큰 선구자 역할을 하였던 것이다.

로이드 존스 박사의 책들은 주문이 끊이지 않고, 계속 증판을 하고 있다. 예를 들면 하박국 강해인 『두려움에서 신앙으로』(*From Fear to Faith*)는 13판째, 그리고 『영적 침체』(*Spiritual Depression*)는 11판째 출판되었다. 그의 많은 책들이 미국에서도 출판되고 있으며, 그 외 다른 언어들로도 번역되고 있다. 하지만 그가 웨스트민스터 교회 시절에 출판한 것은 다른 사람들에게 위탁하여 되어진 것이다. 1968년 웨스트민스터 교회를 사임한 것도 부분적으로는 자신의 설교집 출판에 신경을 쏟기 위함이었다. 그의 출판활동을 1970년부터 활발하여졌고, 1970년 후에 나온 책들은 그 전에 나온 책들보다 본질적으로 폭이 넓다. 그리고 재미있는 것은 후기 저술이 전반적으로『로마서 강해』와『에베소서 강해』시리즈에 집중되었다는 것이다.

이미 그의 많은 저서들이 출판된 것을 다행스럽게 여기며, 또한 아직도 녹음 테이프에 감겨 있거나 출판되지 않은 그의 글들이 빠른 시일 내에 출판되기를 바라는 바이다. 박사님의 말처럼 인쇄 매체는 참으로 중요한 것이다. 그의 저서 목록을 보면서 그의 저술활동은 의도적으로 쓴 책이나 논문이 아닌 연설들이나 강의들, 그리고 설교들이라는 것을 알게 될 것이다. 로이드 존스 박사는 존 번연에 대해서 말한다.

> 우리는 번연을 그저 작가로만 생각해왔지만, 존 번연은 자신을 한 사람의 설교자로서, 그리고 한 사람의 목사로서 생각하였습니다. 그가 그 책을 쓰게 된 것은 자신이 목사였기 때문이었습니다.

앞으로 올 세대에 대해서도 로이드 존스 박사는 영향력 있고 감동을 주는 작가로서 알려지겠지만, 그 보다도 그는 본질적으로 설교가이며 목사인 것이다.

★ 로이드 존스 박사의 저서와 연대 ★

(1) 1939: *Why does God allow war?* (Hodder & Stoughton), 125pp.

(2) 1942: *The plight of man and the power of God* (Hodder & Stoughton, and then by Pickering & Inglis from 1945), 96pp.

(3) 1942: *The presentation of the Gospel* (Crusaders' Union, and then by the IVF from 1949), 16pp.

(4) 1947: *Life's preparatory school* (Westminster Chapel), c. 12pp.

(5) 1949: *The mirage shall become a pool* (Westminster Chapel, and then by Evangelical Press from 1965), 12pp.

(6) 1948: *Christ our sanctification* (IVF), 25pp.

(7) 1951: ***Truth unchanged, unchanging*** (James Clarke & Co., and then by Evangelical Press from 1969), 118pp.

(8) 1952: *Maintaining the evangelical faith today* (IVF), 20pp.

(9) 1953: *From fear to faith: studies in thd book of Habakkuk* (IVF), 76pp.

(10) 1957: *Sound an alarm* (Westminster Chapel), 18pp.

(11) 1958: *Authority* (IVF), 94pp.

(12) 1959: *Studies in the Sermon on the Mount: Volume Ond* (IVF), 320pp.

(13) 1959: *Conversions: psychological and spiritual* (IVF), 40pp.

(14) 1960: *Studies in the Sermon on the Mount: Volume Two* (IVF), 337pp.

(15) 1962: *The basis of Christian unity: an exposition of John 17 and Ephesians 4* (IVF), 64pp.

(16) 1962: *1662-1962: from Puritanism to Non-confor-mity* (Evangelical Library), 48pp.

(17) 1963: *The approach to truth: scientific and religious* (Tyndale Press, on behalf of the Christian Medical Fellowship), 27pp.

(18) 1964: *The weapons of our warfare* (Campbell Morgan

Memorial Bible Lectureship), 24pp.
- (19) 1965: ***Spiritual depression: its causes and cure*** (Pickering & Inglis), 300pp.
- (20) 1965: ***Faith on trial: studies on Psalm 73*** (IVF), 125 pp
- (21) 1965: ***Roman Catholicism*** (Evangelical Press), 16pp.
- (22) 1965:***Westminster Chapel*** (1865-1965): ***Centenary Address*** (Westminster Chapel), 23pp.
- (23) 1968: ***Luther and his message for today*** (Evangelical Press, on behalf of the BEC), 30pp.
- (24) 1969:***What is the church?: a basis question for today*** (BEC and Evangelical Press), 24pp
- (25) 1969:***Will hospital replace the church?*** (Christian Medical Fellowship Publications), 20pp.
- (26) 1970: ***Romans: an exposition of chapters 3:20-4:25— Atonement and Justification*** (Banner of Truth Trust), xiv+250pp.
- (27) 1970: [A first book of] ***daily readings from the works of Martyn Lloyd-Jones: selected by Frank Cumbers*** (Epworth Press, and then by Hodder & Stoughton from 1973), 336pp.
- (28) 1971: ***Romans: an exposition of chapter 5 —Assurance*** (Banner of Truth Trust), xii+370pp.
- (29) 1971: ***Preaching and preachers*** (Hodder & Stoughton), [2]+325pp.

(30) 1971: *The state of the nation* (BEC and Evangelical Press), 28pp.

(31) 1971: *The supernatural in medicine* (Christian Medical Fellowship Publications), 24pp.

(32) 1972: *Romans: an exposition of chapter 6 — The New Man* (Banner of Truth Trust), xii+313pp.

(33) 1972: *God's way of reconciliation: an exposition of Ephesians 2:1 to 22* (Evangelical Press, and then by the Banner of Truth Trust from 1979), 477pp.

(34) 1973: *Romans: an exposition of chapters 7:1-8:4 — The Law: its functions and limits* (Banner of Truth Trust), xii+359pp.

(35) 1974: *Romans: an exposition of chapter 8: 5-17 — The Sons of God* (Banner of Truth Trust), xii+438pp.

(36) 1974: *Life in the Spirit in marriage, home and work: an exposition of Ephesians 5:18 to 6:9* (Banner of Truth Trust), 371pp.

(37) 1975: *Romans: an exposition of chapter 8:17-39 — The Final Perseverance of the Saints* (Banner of Truth Trust), xii+457pp.

(38) 1976: *The Christian warfare: an exposition of Ephesians 6:10 to 13* (Banner of Truth Trust), 373pp.

(39) 1977: ***The Christian soldier: an exposition of Ephesians 6:10 to 13*** (Banner of Truth Trust), 373pp.

(40) 1978: ***God's ultimate purpose: an exposition of Ephesians 1:1 to 23*** (Banner of Truth Trust), 447pp.

(41) 1978: ***Inaugural address…at the opening of the London Theological Seminary. October 6th, 1977*** (London Theological Seminary), 16pp.

(42) 1979: ***The unsearchable riches of Christ: an exposition of Ephesians 3:1 to 21*** (Banner of Truth Trust), 315pp.

(43) 1979: ***The address given by Dr. D. M. Lloyd-Jones at a service of thanksgiving for the life of David George Aufrere Leggett*** (Wimborne Minster), 7pp.

(44) 1980: ***Christan unity: an exposition of Ephesians 4:1 to 16*** (Banner of Truth Trust), 277pp.

(45) 1982: ***Darkness and light: an exposition of Ephesians 4:17 to 5:17*** (Banner of Truth Trust), 460pp.

(46) 1982: ***The doctor himself and the human condition*** (Christian Medical Fellowship Publications), 120pp.

부 록

마틴 로이드 존스의 가계

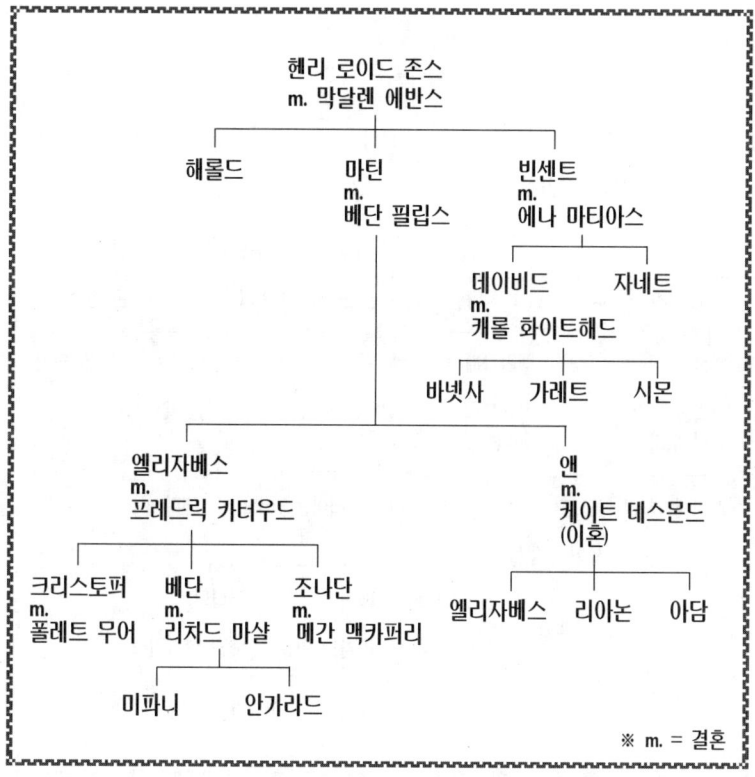

베단 필립스의 가계
(본서에서 언급된 인물들)

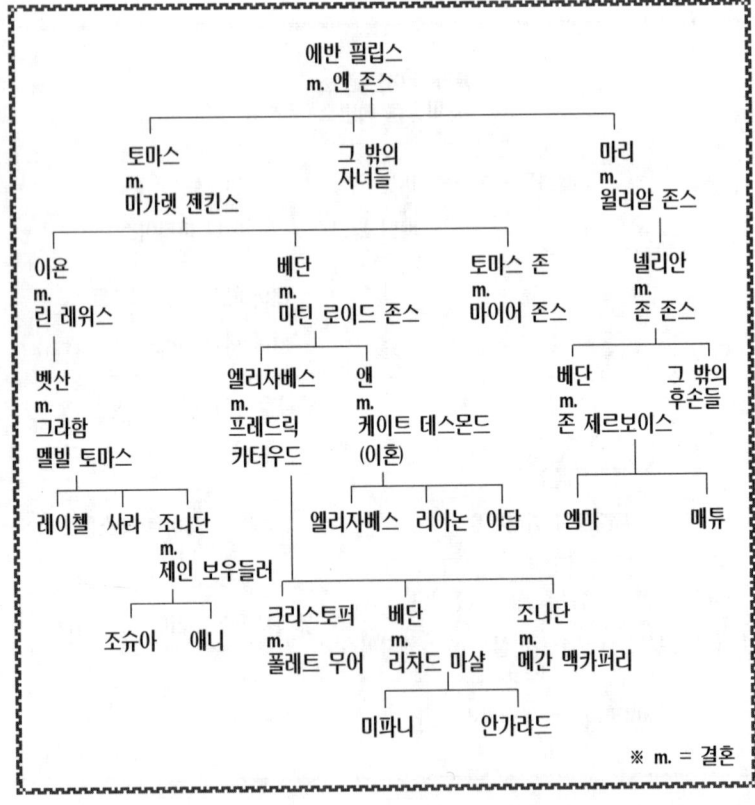

CHRISTIAN LITERATURE CRUSADE

사단법인 기독교문서선교회는 청교도적 복음주의신학과 신앙을 선포하는 국제적, 초교파적, 비영리 문서선교기관입니다.

사단법인 기독교문서선교회는 한국교회를 위한 교육, 전도, 교화에 힘쓰고 있습니다.

만일 당신이 예수 그리스도와 그리스도인의 생활에 대하여 알기를 원하시면 지체말고 서신연락을 주십시오. 주 앞에서 기쁜 마음으로 도움을 드리겠습니다.

서울 서초구 방배동 983-2
Tel. (02)586-8761~3

사단법인 기독교문서선교회

로이드 존스의 생애

저　　　자 · 박영호
초 판 발 행 · 1985년 3월 20일
4 판 발 행 · 2002년 2월 15일
발 행 처 · 기독교문서선교회
주　　　소 · 서울시 서초구 방배동 983-2
전　　　화 · (02)586-8761~3
　　　　　　 (031)923-8762~3(영업부)
E-mail · clc@clckor.com
홈 페 이 지 · www.clckor.com
F A X · (02)523-0131
　　　　　　 (031)923-8761(영업부)
온 라 인 · 국민은행 043-01-0379-646
　　　　　　 기업은행 073-021367-06-023
등　　　록 · 1980년 1월 18일 제16~25호

〈낙장·파본은 교환해 드립니다〉
ISBN 89-341-0155-5(03230)